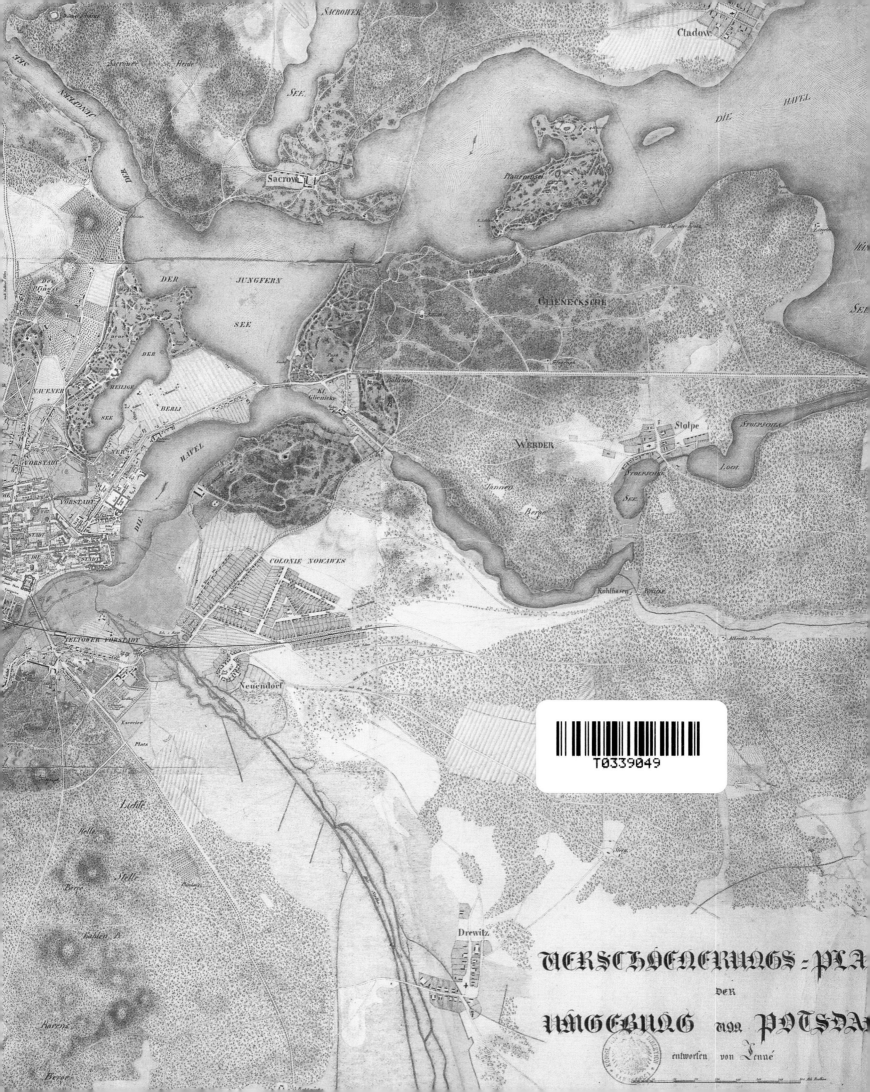

VERSCHÖNERUNGS-PLAN

DER

UMGEBUNG DER POTSDAM

entworfen von Lenné

LE RESIDENZE PRUSSIANE

Hartmut Dorgerloh · Michael Scherf

Le residenze prussiane

I castelli e i parchi reali
a Berlino e nel Brandenburgo

Deutscher Kunstverlag München · Berlin

Illustrazione di copertina:
Peter Joseph Lenné, Piano di abbellimento
dei dintorni di Potsdam (1833).

Traduzione: Angelo Pirrera, Berlin

Realizzazione: Jens Möbius
Riproduzioni fotografiche: LVD, Berlin
Stampa e rilegatura: Print Consult GmbH, München
© 2005 Deutscher Kunstverlag München · Berlin
ISBN 3-422-06581-4

CONTENUTI

La Prussia è storia: nel 1918 l'ultimo re e imperatore prussiano, Guglielmo II, abdicò e nel 1947 i paesi alleati vincitori della Seconda Guerra Mondiale sciolsero definitivamente lo stato prussiano. A tutt'oggi la Prussia quale fenomeno storico è un tema particolarmente controverso. Quando nel 1415 gli Höhenzollern, provenienti dal sud della Germania, ricevettero la marca del Brandeburgo come feudo, la loro ascesa da elettori a re prussiani e infine a imperatori tedeschi non era prevedibile. I motivi di ciò sono da un lato la continuità della dinastia, il pragmatismo corroborato dal protestantesimo, la potenza militare, l'apertura verso altre culture o influssi religiosi; dall'altro lato questa inesorabile ascesa era dovuta a conquiste territoriali come anche a repressioni sia sul fronte interno che su quello estero. In questo senso la storia prussiana non si distingue sostanzialmente dalla storia di altri stati europei: anche se i colori del blasone della Prussia sono il bianco e il nero, la sua storia ha molte più sfumature. Indiscussa è la fondamentale importanza dei castelli e dei giardini dei re prussiani, che documentano a un tempo la movimentata storia della Prussia, della Germania e dell'Europa. La serie dei regnanti, committenti dei castelli, spazia da Gioacchino II all'ultimo imperatore Guglielmo II, passando per il »Grande elettore« Federico Guglielmo, Federico II, il »Grande«, e il »Romantico sul trono« Federico Guglielmo IV. Non meno importanti sono i nomi degli architetti, degli artisti e dei creatori di giardini da loro incaricati, che contavano sempre tra i migliori del loro tempo: Schlüter e Eosander, Knobelsdorff e Pesne, Schadow e Langhans o Pückler e Schinkel. Impressionante è anche la ricchezza dell'allestimento dei castelli e dei giardini tramite sculture, dipinti, mobili e porcellane che si fondono programmaticamente fino a comporre capolavori d'interni unici, che testimoniano l'alto rango degli Hohenzollern e la loro ambizione politica.

Berlino e più tardi Potsdam, in quanto seconda residenza, erano il centro politico dello stato in continua crescita. Là si concentrarono maggiormente le attività edilizie dei regnanti, che arricchivano regolarmente il patrimonio architettonico e artistico della Prussia di nuove dimore. In particolare intorno a Potsdam il risultato fu una serie di importanti residenze con castelli e parchi, che nel XIX secolo il grande architetto di giardini Peter Joseph Lennè trasformò in un insieme armonioso artisticamente allestito. Dal 1990 i »Castelli e i Giardini di Berlino e Potsdam« sono stati inseriti nella lista del patrimonio universale, naturale e culturale dell'umanità dell'UNESCO.

Alla fine della monarchia i castelli e i giardini passarono allo stato prussiano, che li affidò nel 1927, in seguito a un contratto patrimoniale con la ex famiglia regnante, all'Amministrazione dei »Castelli e Giardini Statali« appositamente fondata. Ancora oggi vige il concetto sviluppato allora dei »Castelli museali« per tutelare nel loro insieme i castelli, il loro allestimento e i giardini in quanto complessi storici e renderli accessibili al pubblico.

La Seconda Guerra Mondiale ebbe effetti devastanti sui castelli reali. Bombe ed incendi distrussero castelli importanti e, malgrado la tempestiva evacuazione, molti capolavori andarono perduti o furono requisiti come bottino di guerra. La divisione della Germania colpì anche l'Amministrazione dei Castelli e dei Giardini, dimezzata in Est e Ovest come il paesaggio dei castelli e dei giardini, che nel 1961 fu brutalmente tagliato in due dal muro tra Berlino ovest e Potsdam. Nonostante tutte le difficoltà, entrambe le Amministrazioni dei Castelli si adoperarono con grandi sforzi nella ricostruzione e nel mantenimento delle ex dimore reali.

La caduta del muro e la riunificazione tedesca nel 1989/90 hanno aperto nuove prospettive anche per il comune patrimonio culturale prussiano. I capolavori e le collezioni trasferite poterono tornare alle loro sedi originarie; i giardini distrutti venir ricostruiti e castelli importanti del Brandeburgo restaurati.

Nel 1995 il Land Berlino ed il Land Brandeburgo hanno dato vita a una comune »Fondazione dei Castelli e dei Giardini Prussiani Berlino e Brandeburgo«, che viene anche finanziata del governo federale. La fondazione è responsabile per la tutela, lo studio e lo sfruttamento di circa 800 ettari di giardini e di più di 150 edifici storici a Berlino, a Potsdam e nel Brandeburgo. Oggi i giardini così come più di 30 tra castelli e edifici, tutti presentati in questo libro, sono aperti al pubblico.

Benvenuti nei castelli e nei giardini dei re prussiani!

Castelli e giardini reali a Berlino

La città di Berlino, sorta in una piana presso un guado della Sprea nel XII secolo, diventò nel 1486 residenza stabile degli elettori del Brandeburgo. Nel 1443, durante il regno dell'elettore Federico II, sull'isola della Sprea fu avviata la costruzione di un castello che per cinque secoli sarebbe stato il centro urbanistico della città e il foro politico del Brandeburgo e della Prussia. La costante crescita dell'elettorato si riflettè nel XVI secolo negli ampliamenti architettonici e nella formazione di una corte rinascimentale rappresentativa. Con il castello di Grunewald, l'elettore Gioacchino II fece costruire nel 1542 il primo dei castelli alle porte di Berlino.

La guerra dei trent'anni (1618–1648) ebbe effetti devastanti su Berlino: la corte risiedeva nelle zone orientali e sicure del paese, il commercio si paralizzò e il numero degli abitanti calò di un terzo fino a circa 6000. Il forte incremento della popolazione, che raggiunse i 37000 abitanti al temine del XVII secolo, fu il frutto di una mirata politica di sviluppo e consolidamento del »Grande elettore« Federico Guglielmo (1640–1688).

Fu lui a tornare a Berlino insieme alla corte e ad avviare i lavori per la costruzione di una moderna fortificazione della città. Oltre alla riorganizzazione dell'esercito brandeburghese, fu la sua offensiva politica d'immigrazione che rinvigorì la forza economica e il commercio. L'insediamento di 5500 ugonotti francesi, profughi per motivi religiosi, favorì notevolmente la crescita economica, rendendo necessaria la costruzione di nuovi quartieri cittadini.

L'ascesa da elettore del Brandeburgo a re in Prussia spinse Federico I intorno al 1700 ad un'intensa azione d'ingrandimento della sua residenza. La grandiosa trasformazione ed il sontuoso ampliamento del castello per opera di Andreas Schlüter e Johann Friedrich Eosander (1698–1713), nuovi ed imponenti edifici come l'Arsenale (1695–1706), il »castello delle delizie« di Charlottenburg (dal 1695) o il castello di Monbijou (1703) per il potente ministro conte Wartenberg, documentavano le esigenze di rappresentanza del nuovo regno che era diventato una potenza di livello europeo.

Come conseguenza della priorità data da Federico Guglielmo I all'esercito, durante il periodo del suo regno (1713–1740) la percentuale di militari a Berlino superò il 20%. I re prussiani avevano determinato il sistematico sviluppo della città, che alla metà del XVIII secolo contava più di 100000 abitanti. In quanto feudatari avevano comunque ridotto drasticamente le libertà e i diritti della città. Federico II (1740–1786) fece trasformare la strada Unter den Linden – Sotto i Tigli – in un magnifico viale maestro che culminava nel Forum Fridericianum intorno al nuovo Teatro dell'Opera. Appena salito al trono, ordinò la costruzione dell'Ala Nuova del castello di Charlottenburg (1740–1746), che risultò così essenzialmente completato. In seguito le sue attività edili si concentrarono sempre più su Potsdam, sua seconda residenza. Alla fine del suo regno Berlino vantava non solo la più importante industria tessile tedesca, ma si era affermata anche come capitale di una grande potenza impregnata delle idee dell'assolutismo illuminato.

La guerra dei sette anni (1756–1763), durante la quale la città aveva subito una breve occupazione da parte di forze nemiche, aveva comunque portato alla luce in Prussia dei problemi di ordine economico e politico che non vennero adeguatamente affrontati e perciò ebbero come risultato una terribile sconfitta militare nel 1806 contro la Francia.

Castello di Berlino,
portale orientale del lato sud
di Andreas Schlüter (Portale 1) (circa 1900).

Castello di Berlino, corpo centrale dell'ala orientale nel cortile di Schlüter (circa 1900).

realizzati velocemente: l'ammodernamento dell'ala del castello che dava sul Lustgarten – il Giardino delle Delizie – (1844–1857), la costruzione di una grande cupola sopra la cappella del castello (1845–1853), la trasformazione dell'Isola della Sprea in un »rifugio per l'arte e le scienze« (dal 1841), la ricostruzione del duomo con una cripta per gli Hohenzollern (piani a partire dal 1841, esecuzione dell'edificio in stile neobarocco solo nel 1893–1905). I crescenti conflitti sociali portarono nel 1848 alla »Rivoluzione di Marzo«; il re scappò per un breve periodo dalla città, ma dovette però lì poco dopo inchinarsi di fronte alle vittime. Da quel momento in poi le sue grandiose opere berlinesi furono portate avanti più lentamente.

Parallelamente all'ascesa della Prussia, Berlino diventò dopo il 1850 la città più importante della Germania, in maniera più evidente nella sua funzione di capitale del nuovo impero tedesco, fondato nel 1871, e residenza dell'imperatore. Il numero degli abitanti superò nel 1912 la soglia dei due milioni. La città si espandeva in ogni direzione, con i pregi e i difetti di una metropoli. Questo inarresta-

L'ala orientale barocca del castello di Berlino dopo la Seconda Guerra Mondiale.

Napoleone entrò vincitore in città attraverso la Porta di Brandeburgo e requisì la Quadriga, portandola a Parigi. Il trionfale ritorno del gruppo scultoreo nel 1814 fu il risultato di una politica di riforme attuata con successo, tra le quali risaltava il rafforzamento dell'amministrazione comunale della città di Berlino, che dal 1809 veniva governata da un magistrato e da una giunta comunale. Nella prima metà del XIX secolo, accanto a quella di corte si sviluppò gradualmente anche una vasta cultura borghese, di cui si ritrovano gli interessi comuni nella fondazione dell'università (1810) o nell'inaugurazione dell'Altes Museum – il Museo Antico – (1830). Con l'inizio del regno di re Federico Guglielmo IV (1840–1861), grande appassionato d'architettura, lo sviluppo urbanistico della città ebbe un forte slancio. I piani che aveva progettato quando ancora era principe ereditario, insieme all'architetto Karl Friedrich Schinkel, dovevano essere

Il corpo centrale del castello di Monbijou visto dal lato della Sprea (1940).

bile sviluppo finì improvvisamente nel 1918, con la caduta della monarchia dopo la sconfitta della Prima Guerra Mondiale.

Truppe di rivoluzionari occuparono nel 1918 anche il castello di Berlino e con questa azione segnarono chiaramente l'inizio di una nuova epoca. Nel 1920 le zone limitrofe furono incorporate nel comune e ciò portò alla formazione di Gross-Berlin – la grande Berlino – nelle sue dimensioni odierne. La città in espansione incluse così nel suo territorio anche numerosi castelli e giardini degli Hohenzollern che originariamente ne erano fuori, i quali vennero ridestinati a nuove funzioni, di regola pubbliche.

Le bombe della Seconda Guerra Mondiale colpirono pesantemente gli edifici più importanti di Berlino: il castello, un capolavoro del Barocco europeo che era cresciuto nell'arco dei secoli, così come i castelli di Monbijou, Bellevue e Charlottenburg. I castelli più periferici come Köpenick, Grunewald o Glienicke rimasero perlopiù intatti.

La divisione della città dopo il 1945 e il confronto tra due differenti sistemi politici all'est e all'ovest si riflesse anche nel modo con cui ci si occupava dei castelli.

Contro i piani di demolizione iniziali, a Berlino-Ovest le rovine del castello di Charlottenburg furono dapprima messe in sesto per poi successiva-mente poterlo ricostruire. Il castello di Bellevue (ricostruzione 1954–59) venne destinato a sede di rappresentanza berlinese del presidente federale.

Nella RDT nonostante molte proteste le rovine del Castello furono fatte esplodere in favore di una piazza per le parate. I resti del castello di Monbijou subirono lo stesso destino. Il castello di Schönhausen fu utilizzato invece dapprima come residenza del presidente della RDT e poi come palazzo per gli ospiti del governo. In generale però prevaleva la convinzione ideologica che i castelli, in quanto relitti della Prussia, considerata responsabile per il militarismo e la guerra, dovessero essere abbattuti per far spazio a una nuova società. Solo il portale del castello, da cui Karl Liebknecht nel 1918 aveva dichiarato la Repubblica dei Consigli, venne programmaticamente inglobato nel vicino edificio del Consiglio di Stato della RDT (1962–64).

Con lo stesso principio venne costruito tra il 1973 e il 1976 il Palazzo della Repubblica su un pezzo della vecchia pianta del castello. Dopo il 1989 è nato un forte movimento per l'abbattimento del Palazzo della Repubblica e la ricostruzione del Castello. Dopo accese e controverse discussioni il parlamento federale si è espresso in favore di entrambe le operazioni.

IL CASTELLO E IL PARCO DI CHARLOTTENBURG

Il castello di Charlottenburg, la residenza più grande degli Hohenzollern rimasta a Berlino, vanta una storia lunga 300 anni segnata da vari interventi edili e da differenti funzioni e documenta oggi in maniera esemplare, con i suoi interni e l'allestimento del suo giardino, la cultura brandeburgo-prussiana dei regnanti dall'inizio del XVII fino all'inizio del XX secolo. L'edificio originale, il castello di Lietzenburg, fu costruito su progetto di Arnold Nering tra il 1695 e il 1699 per la principessa dell'elettorato Sofia Carlotta, seconda moglie di Federico III, nei dintorni rurali del villaggio di Lietzow a ovest delle porte di Berlino. Il castello, in origine di dimensioni modeste, doveva nascere come »maison de plaisance«, castello delle delizie, in cui Sofia Carlotta, colta amante della filosofia e dotata di talento musicale, avrebbe raccolto intorno a sé una cerchia di artisti e intellettuali facendo fiorire per pochi anni un primo cenacolo brandeburgo-prussiano. Ancor prima del completamento della costruzione, l'incoronazione del suo consorte a re in Prussia nel 1701 e il conseguente elevamento del suo rango resero necessari degli ampliamenti. Su progetto di Eosander sorse, grazie all'allungamento dell'asse longitudinale ed alla costruzione di due edifici per i cavalieri, una maestosa struttura a tre ali secondo il gusto francese. La vecchia cupola piatta venne spostata dal lato del giardino al lato della città e rialzata di un tamburo. All'interno, sempre dalla parte del giardino, venne allestita un'infilata rappresentativa di 13 stanze, per una lunghezza di 140

Il lato del cortile d'onore del castello di Charlottenburg con il prospetto del vecchio castello costruito da Nering e Eosander. Il committente, l'elettore Federico III, divenne re in Prussia nel 1701 con il nome di Federico I.

Sofia Carlotta di Hannover, principessa dell'elettorato e regina in Prussia, di Friedrich Wilhelm Weidemann (circa 1702–05).

Federico I, elettore del Brandeburgo e re in Prussia, di Friedrich Wilhelm Weidemann (circa 1701).

metri, di cui il fastoso Gabinetto delle Porcellane costituisce l'apice. La cappella del castello simboleggiava l'unione di trono e altare. Delle due aranciere progettate fu costruita nel 1712 solo quella occidentale. Come il castello, anche il giardino ricevette un allestimento barocco. Il francese Siméon Godeau ideò una struttura a tre livelli, secondo il modello di Versailles, con una terrazza lunga 500 metri, otto aiuole con decorazioni a broderie ed uno stagno per carpe concepito anche

Pagina 14, in alto: Il Gabinetto delle Porcellane chiude fastosamente la fila di stanze rappresentative di Federico I.

Pagina 14, in basso: Stanza da Toeletta del secondo appartamento di Sofia Carlotta.

A destra: La Cappella del castello, su progetti di Johann Friedrich Eosanders, fu inaugurata nel 1706. Veduta dell'altare.

Sotto: la Camera Rossa deve il suo nome alla tappezzeria di damasco decorato con i galloni dorati. Probabilmente la stanza veniva utilizzata da Federico I come sala da conferenze.

L'Ala Nuova, costruita dal 1740 al 1745 da Georg Wenzeslaus von Knobelsdorff, fu la nuova residenza di Federico II dopo il castello di Rheinsberg.

La Galleria d'Oro. Il salone delle feste dell'Ala Nuova è uno dei culmini più alti tra le creazioni d'interni federiciane.

come darsena. Il giardino, una delle prime opere barocche alla francese create in Germania, non venne mutato sostanzialmente fino alla morte di Federico II nel 1786.

Con la prematura morte di Sofia Carlotta nel 1705, si spense anche la vita culturale nel castello di Lietzenburg. Per commemorare la sua consorte il re Federico I ribattezzò il castello Charlottenburg, che rimase la sua seconda residenza preferita.

Il suo successore, il »re Sergente« Federico Guglielmo I, non mostrò alcun interesse per il castello della sua infanzia e quindi la vita di corte vi fece ritorno solo con l'avvento al trono di suo figlio, Federico II, che vi fissò la sua prima sede di governo. Dal 1740, per completare il castello, il nuovo re

La Biblioteca di Federico II nel Primo Appartamento, situata nel lato del giardino e riccamente decorata.

La Camera da Letto della Regina Luisa fu allestita nel 1810 su progetto di Karl Friedrich Schinkel.

Il castello di Charlottenburg visto dal lato del giardino con le aiuole barocche ricostruite.

fece costruire da Knobelsdorff l'Ala Nuova al posto dell'Aranciera orientale progettata in origine ed eliminò così l'asimmetria del complesso del castello. Nell'Ala Nuova sorsero, con i due appartamenti che Federico fece allestire con gran dispendio fino al 1747, sontuosi interni come il Salone Bianco e la Galleria d'Oro, culmini del Rococò federiciano. Dopo l'ingresso nella sua nuova residenza estiva di Sanssouci, inaugurata a Potsdam nel 1747, Federico utilizzò il castello solo per grandi feste di famiglia. Con il suo successore Federico Guglielmo II, il primo Classicismo fece il suo ingresso nel castello di Charlottenburg. Nel 1788, il re ordinò di allestire in 5 stanze al pianoterra dell'Ala Nuova, dalla parte del giardino, un appartamento per l'estate in stile etrusco e cinese; ampliò inoltre il castello con un teatro e impreziosì il parco costruendo il Belvedere. Nel 1790 fece seguito sul lato della città la Piccola

Il Belvedere nel giardino del castello di Charlottenburg fu costruito nel 1788 da Carl Gotthart Langhans per Federico Guglielmo II. Oggi vi si trova la collezione di porcellana KPM del Land Berlino.

Portaghiaccio della Königliche Porzellanmanufaktur di Berlino (KPM) con decoro fleurs-en-terrasse, 1790/1795.

Aranciera. Non visse però abbastanza per riuscire a vedere completate, nel 1797, le sette camere per l'inverno in stile del primo Classicismo al piano superiore dell'Ala Nuova. Sotto Federico Guglielmo II e il suo successore, il giardino barocco venne trasformato un po' per volta in un giardino paesaggistico all'inglese, secondo il gusto del tempo, fino al punto in cui non rimase quasi più niente della struttura originale. Nel XIX secolo il castello non subì più alcun cambiamento notevole. Federico Guglielmo III abitò un modesto appartamento al pianoterra, mentre la sua consorte Luisa prese possesso delle camere per l'inverno del suocero. Dopo la morte prematura di Luisa, nel 1810, il re fece costruire dal 1824 al 1825 il Padiglione Nuovo, una villa per l'estate per sé e la sua seconda moglie. Suo figlio Federico Guglielmo IV alloggiò dal 1841 con la moglie Elisabetta al piano superiore del blocco centrale barocco e restituì ad alcune parti del giardino una decorazione ornamentale neobarocca.

Il Padiglione Nuovo fu costruito dal 1824 al 1825 da Karl Friedrich Schinkel come dimora estiva di Federico Guglielmo III e della sua seconda moglie, Augusta von Harrach.

Il Mausoleo fu costruito nel 1810 da Heinrich Gentz originariamente solo per il monumento funebre della regina Luisa di Christian Daniel Rauch. Dopo diversi ampliamenti ospita anche il sarcofago di Federico Guglielmo III ed è il sepolcro dell'imperatore Guglielmo I e dell'imperatrice Augusta.

Veduta del parterre del giardino del castello. Il giardino allestito da Siméon Godeau dal 1697 è uno dei primi esempi di giardino barocco alla francese in Germania.

Nel 1888 l'imperatore Federico III fu l'ultimo residente del castello durante i novantanove giorni del suo regno.

Dopo la fine della monarchia degli Hohenzollern nel 1918, il castello fu amministrato dallo stato e dal 1927 aperto alle visite.

Durante la Seconda Guerra Mondiale, nel 1945, gran parte del castello venne distrutta. Pezzi essenziali dell'inventario scamparono comunque alla distruzione essendo stati trasportati al sicuro. La riedificazione e la ricostruzione a tappe del castello, in corso dagli anni cinquanta, possono dirsi perlopiù concluse. Il giardino, completamente devastato in seguito alla guerra, presenta oggi di nuovo una ricostruzione della struttura barocca.

IL CASTELLO DI SCHÖNHAUSEN

Il castello di Schönhausen si è sviluppato da un piccolo palazzo in stile olandese che l'elettore Federico III aveva comprato dal Conte Dohna nel 1691 e che fece ingrandire e allestire riccamente, insieme al parco, dagli architetti Nering e Eosander.

Suo nipote Federico il Grande assegnò nel 1740 il castello alla moglie Cristina Elisabetta di Braunschweig-Bevern come residenza estiva, dove lei tenne la sua corte fino alla sua morte nel 1797.

La devastazione del castello da parte dei cosacchi russi durante la Guerra dei Sette Anni portò dal 1763 a diversi cambiamenti, tra i quali la soprelevazione delle ali minori fino all'altezza del corpo centrale a tre piani e la costruzione di una scala rappresentativa a due rampe. Molte delle nuove stanze furono allestite con preziosi parati, specchi con cornici di legno scolpite e dorate e con dei sovrapporta artistici. Sorsero creazioni come la Galleria di Cedro e il Grande Salone delle Feste al piano superiore, dove il soffitto fu decorato dallo scultore Johann Michael Graff con delle sontuose stuccature, testimonianza dell'architettura d'interni del tardo Rococò federiciano.

Dopo la morte della regina, il castello fu utilizzato solo raramente dai membri della famiglia reale per brevi soggiorni e venne poi abbandonato nel corso del XIX secolo. Il giardino barocco fu trasformato dal 1827 in giardino paesaggistico da Peter Joseph Lenné.

Nel 1920 il castello passò all'amministrazione statale e fu utilizzato come edificio per esposizioni. Dopo la Seconda Guerra Mondiale, che aveva superato quasi indenne, il castello fu sede ufficiale della Presidenza della RDT e in seguito palazzo per gli ospiti del governo.

Il castello di Schönhausen dal lato giardino.

Dopo il 1763 sorse al pianoterra la Galleria con una preziosa pannellatura di legno di cedro e delle cornici argentate agli specchi.

Dopo ingenti opere di restauro il castello di Schönhausen è riaperto al pubblico quale testimonianza dell'architettura d'interni e dell'arredamento della corte barocca.

L'ISOLA DEI PAVONI

Nel 1794 Federico Guglielmo II fece costruire sull'Isola dei Pavoni, acquisita poco prima come espansione del Giardino Nuovo e come ritiro romantico e idilliaco, un piccolo castello estivo in forma di pittoresca rovina artificiale.

La pianificazione e l'esecuzione dei lavori vennero affidate alla direzione del capocarpentiere di corte Johann Gottlieb Brendel, che costruì l'edificio con due torri ed un ponte di congiunzione completamente in legno, rivolgendo la facciata decorativa verso il Giardino Nuovo. L'arredamento in stile del primo Classicismo, conservatosi fino ad oggi, fu fortemente influenzato dalla contessa Lichtenau, l'ex maitresse del re. Il Salone delle Feste al piano superiore, riccamente allestito, era la stanza più grande e serviva al re come camera da musica. La profonda nostalgia del committente trovò espressione nel »Gabinetto Otahaitiano«, in cui il mondo insulare di Tahiti, trasfigurato fantasticamente, si fondeva con la sua isola selvaggia e naturale. Nello stesso periodo, come pendant del castello, all'estremità opposta dell'isola veniva costruita in stile gotico la Fattoria, anch'essa in forma di rovina artificiale dove venivano allevate alcune mucche e gestito un caseificio. Nel rispetto del desiderio di una vita semplice e primitiva in una natura inviolata, l'isola con il suo patrimonio di 400 querce secolari fu lasciata quasi intatta. Solo gli immediati dintorni del castello e della fattoria furono trasformati in giardino sentimentale dal giardiniere Johann August Eyserbeck il Giovane, proveniente da Wörlitz, che aveva già lavorato nel Giardino

Il castello dal lato del giardino. I pavoni portati sull'isola dettero il nome all'isola che prima veniva chiamata «Isolotto dei conigli».

Per ordine di Federico Guglielmo II il castello sull'Isola dei Pavoni fu costruito dal capo-carpentiere di corte Johann Gottlieb Brendel in forma di rovina artificiale e quasi completamente in legno.

Per il Salone delle Feste allestito al primo piano
in stile classicista fu utilizzato perlopiù legname
della regione.

Nuovo. L'isola deve il suo aspetto odierno al figlio e
successore al trono Federico Guglielmo III che la
utilizzava come residenza estiva rurale e distacca-
ta, mantenendovi una »ferme ornée«, una fattoria ornata. Inoltre fece trasformare l'isola dei Pavoni in
parco paesaggistico da Anton Ferdinand Fintel-
mann e da Peter Joseph Lenné, il quale vi piantò il
primo giardino di rose prussiano. Nell'allestimento
del parco fu inclusa una serie di nuovi edifici appena costruiti, quali la Casa dei Cavalieri degli
anni 1803/04, poi decorata con la facciata gotica di
una casa di Danzica e la Serra per le Palme, costruita su piani di Schinkel negli anni 1830/31, vittima

*Pagina 27: La pittura illusionistica alle pareti
e al soffitto dona al Gabinetto Otahaitiano
l'aspetto di una capanna di bambù. Le vedute
dalle finestre dipinte sul muro mostrano
il Palazzo dei Marmi e il castello
sull'Isola dei Pavoni in un paesaggio tropicale.*

di un incendio nel 1880. Un mausoleo commemorativo per la regina Luisa fu eretto nel 1829. La predilezione del re per gli animali esotici di tutti i tipi portò alla costruzione di numerosi serragli. Una gran parte degli animali presenti fu ceduta da suo figlio ed erede al trono Federico Guglielmo IV allo zoo di Berlino. Lo sviluppo artistico dell'Isola dei Pavoni si concluse nel 1840 con la morte di Federico Guglielmo III.

La tromba della scala, riccamente decorata, nella torre sud del castello.

La Fattoria fu costruita nel 1791 in forma di un convento gotico in rovina.

Karl Friedrich Schinkel decorò la Casa dei Cavalieri con la facciata tardogotica di una casa patrizia di Danzica.

Il Tempio di Luisa è dedicato alla memoria della regina Luisa, morta nel 1810. Le colonne di pietra arenaria derivano dal Mausoleo del parco di Charlottenburg, dove erano state sostituite da altre in granito rosso.

Il Castello e il Parco di Glienicke

Quando nel 1825, dopo il suo viaggio in Italia, il principe Carlo di Prussia, terzo figlio di re Federico Guglielmo III e della regina Luisa, s'interessò alla tenuta di Glienicke che era in vendita, due uomini vi avevano già lasciato prove delle loro capacità: l'architetto Karl Friedrich Schinkel e l'architetto di giardini Peter Joseph Lenné; una collaborazione che non avrebbe modellato solo il castello e il parco di Glienicke, ma l'intera regione intorno a Potsdam. Il precedente proprietario della tenuta, il principe Karl August von Hardenberg aveva commissionato a Lenné un pleasureground, un giardino ricreativo, e aveva incaricato Schinkel di trasformare gli interni dell'edificio. Il principe Carlo, che voleva fare di Glienicke un ampio giardino paesaggistico, l'acquistò il 1 maggio 1824 per sé e la sua futura moglie Maria di Sassonia-Weimar. Subito dopo l'acquisto ebbe inizio una fase di profondi cambiamenti che durò per più di un decennio, durante la quale il principe realizzò il suo sogno di antica architettura italiana in un paesaggio di carattere meridionale. Schinkel iniziò trasformando la Casa del Biliardo, che si trovava sulla riva alta dell'Havel, in un padiglione da giardino di forme classiche, che fu chiamato Casino; ideò poi una decorazione anticheggiante e allestì al piano superiore alcune stanze di soggiorno e camere da letto.

Tra il 1824 e il 1827 anche la casa padronale venne trasformata in una villa seguendo modelli italiani. Al piano superiore furono allestite le stan-

Il lato del giardino del castello di Glienicke con la Fontana dei Leoni inaugurata nel 1838. Karl Friedrich Schinkel conferì un carattere meridionale alla residenza estiva del principe Carlo, grande amante dell'Italia.

Il principe Carlo di Prussia di Franz Krüger (1852).

ze di soggiorno del principe e della consorte, come la Sala Rossa, oggi ricostruita, o il Salone Bianco. Alla struttura del castello venne incorporata la vecchia stalla, convertita in Ala dei Cavalieri, dietro la quale una torre conferisce un accento verticale alla struttura prettamente orizzontale del complesso. Pergole, scale e cortili uniscono artisticamente gli edifici al giardino che Lenné aveva suddiviso se-

La Sala Rossa, utilizzata come salone per le feste, è la stanza centrale tra quelle al piano superiore.

La Camera d'angolo Blu ospitava una volta la biblioteca del principe.

L'Ala dei Cavalieri. Al piano terra si trovavano le stalle.

Il padiglione del giardino chiamato Piccola Curiosità fu ricavato da una casa da tè ristrutturata da Schinkel nel 1826. Il principe Carlo modificò la facciata con l'aggiunta di un'arcata acquisita in Italia.

La Grande Curiosità fu eretta come belvedere con un progetto di Schinkel su modello di antichi edifici.

Lo Stibadium, una panca al coperto vicino ad una
fonte, fu eretto nel 1840 secondo il modello antico.

Il Chiostro, eretto nel 1850, accolse pezzi medievali
e bizantini della collezione d'arte del principe Carlo.

Cornice bizantina di una finestra della parete nord
del Chiostro.

Il Casino, dal lato del giardino, ricavato da Schinkel nel 1824 da una casa da biliardo.

condo il modello inglese in giardino dei fiori, pleasureground e parco. Nel plesureground venne disposta una serie di piccole costruzioni quali lo Stibadium, dove si poteva sedere al coperto presso la riva, la Fontana dei Leoni così come la Grande e la Piccola Curiosità. Il principe Carlo, fervido collezionista d'arte, comprava in Italia grandi quantità di frammenti e di sculture antiche che decoravano edifici e giardini, sottolineando l'atmosfera meridionale del complesso. Per ospitare i pezzi più pregiati della collezione d'arte venne utilizzato il Chiostro, costruito nel 1850. Dopo diversi decenni di decadimento e di uso improprio che si susseguirono dal 1883, anno della morte del principe, il parco e gli edifici sono stati riavvicinati al loro stato originale attraverso ingenti lavori di restauro e di ricostruzione.

Il Castello di caccia di Grunewald

Il castello di caccia di Grunewald è la residenza degli Hohenzollern più antica rimasta sul suolo di Berlino e nello stesso tempo una testimonianza unica per l'architettura del primo Rinascimento berlinese. L'elettore del Brandeburgo Gioacchino II Ettore, un regnante incline alle scienze e alle arti e appassionato cacciatore, fece costruire in un'area boschiva, discosta e ricca di selvaggina, un castello secondo il modello del Rinascimento sassone, chiamandolo »Zum gruenen Wald«, alla selva verde. Fu l'elettore stesso che il 7 marzo del 1542 pose la prima pietra del suo padiglione di caccia, all'epoca ancora molto distante da Berlino, la cui direzione dei lavori fu presumibilmente nelle mani di Casper Theiß. I castelli di Dresda e di Torgau fecero da modello. L'edificio, in origine a due piani e ben fortificato, era circondato da un largo fossato sopra il quale un ponte levatoio conduceva al portale del castello. Utilizzato da diverse generazioni di regnanti come punto di raccolta per la caccia e per brevi soggiorni, il castello subì nell'arco dei secoli diversi cambiamenti. Il più rilevante fu, nel 1706, la sua trasformazione in un massiccio blocco cubico sul modello di un palazzo barocco, voluta dal primo re in Prussia Federico I: venne aggiunto un piano all'edificio, oltre a un nuovo tetto e a finestre più grandi. Malgrado questo intervento la torre ottagonale, che racchiude una scala a chiocciola, rende a tutt'oggi riconoscibile il nucleo rinascimentale del castello. Federico il Grande fece convertire nel 1770 gli edifici antistanti in magazzini

Castello di caccia di Grunewald, lato del cortile. Il castello fu costruito come un palazzo rinascimentale nel 1542 per l'elettore Gioacchino II Ettore del Brandeburgo e fu trasformato all'inizio del XVIII secolo in stile barocco.

L'elettore Gioacchino II Ettore del Brandeburgo, di Lucas Cranach il Giovane (circa 1555).

per gli utensili da caccia della corte. Con la ripresa della caccia a inseguimento, che si teneva annualmente a Grunewald dal 1828, il castello, nel frattempo abbandonato, riacquistò la sua funzione originale. Gli ultimi interventi edili e di modernizzazione ebbero luogo intorno al 1900 grazie all'imperatore Guglielmo II. Dopo la fine della monar-

Il Salone al pianoterra. Il suo allestimento in stile rinascimentale risale all'epoca della costruzione del castello.

Arrivo dell'imperatore Guglielmo I a Grunewald in occasione della Caccia Rossa. Opera di J. Arnold e H. Schnee (1887).

chia degli Hohenzollern il castello fu amministrato dallo stato e destinato ad altro uso. La mobilia venne completata e gli interni furono allestiti con numerosi quadri prestigiosi di artisti tedeschi e olandesi del periodo dal secolo XV al secolo XVIII. Tra le altre si trovano opere di Lucas Cranach il Vecchio e di Lucas Cranach il Giovane. Nel 1932 l'edificio poté essere aperto al pubblico come museo. Dopo aver superato quasi senza danni la Seconda Guerra Mondiale, il castello riaprì le sue porte, per primo tra i musei berlinesi, già nel 1949. Negli anni 1973/74 i restauratori riportarono alla luce la Grande Sala di Corte al pianterreno, dell'epoca di Giocchino II, restituendo così al castello un elemento fondamentale del suo carattere rinascimentale. Nel 1977 nella vecchia rimessa per gli utensili fu allestito un Museo della Caccia

L'interno del Museo della Caccia, allestito nel 1977.

CASTELLI E GIARDINI REALI A POTSDAM

La colonia slava Potsupimi, l'odierna Potsdam, menzionata per la prima volta su un documento del 993, era una cittadina insignificante della marca finché nel 1652 Federico Guglielmo, il »Grande elettore«, non la elesse a sua seconda residenza accanto a Berlino.

Appassionato cacciatore, il regnante era stato entusiasmato dalla grande quantità di selvaggina della zona prettamente boschiva e ricca d'acqua. Il principe acquisì l'area della città di Potsdam e sviluppò grandi piani per un abbellimento sistematico del paesaggio circostante. Il suo amico e consigliere, Johann Moritz von Nassau Siegen, formulò nel 1664, come obiettivo principale: »l'intera isola deve diventare un paradiso (...).«.

Cominciando con la trasformazione in castello della fatiscente fortezza nei pressi del guado sull'Havel (dal 1662, probabilmente secondo i piani di Johann Gregor Memhardt) e con la costruzione di una fagianeria, una rimessa per le carrozze, una aranciera e con l'allestimento di un parco, furono creati i presupposti affinchè la corte del principe dal 1671 soggiornasse regolarmente a Potsdam. La città crebbe intorno alla residenza, grazie anche all'immigrazione finalizzata di olandesi, francesi, ebrei e svizzeri. Sotto l'influenza del giardinaggio olandese furono realizzati vivai, viali, orti e giardini ornamentali. In questo nucleo, allargato ai piccoli nuovi castelli costruiti nelle vicinanze, a Caputh, Bornim e Glienicke, affondano le radici del paesaggio culturale di Potsdam, che si sarebbe sviluppato nei due secoli successivi sotto il governo degli Hohenzollern.

Dopo che il primo re prussiano Federico I si era concentrato su Berlino, furono soprattutto ent-

rambi i suoi due successori a rendere Potsdam uno dei luoghi più importanti d'Europa.

Federico Guglielmo I trasformò Potsdam in una città-guarnigione e s'impegnò in un'opera d'espansione pianificata della città, durante la quale fu costruito l'»Holländisches Viertel«, il Quartiere Olandese (1733–44). Le nuove manifatture producevano specialmente per il crescente fabbisogno dell'esercito, che determinava sempre più l'aspetto delle strade e il carattere della città. Federico II completò poi la trasformazione di Potsdam in una città rappresentativa e residenza reale. Non solo il parco ed il castello di Sanssouci, ma anche 621 abitazioni, 29 manifatture e 99 caserme, oltre a numerosi edifici pubblici, sorsero durante il suo regno (1740–86).

Inoltre il re forniva spesso indicazioni ben precise a proposito del modello da seguire, italiano o inglese, per l'architettura.

Federico Guglielmo IV salì al trono 100 anni più tardi, nel 1840. Insieme al famoso architetto Karl Friedrich Schinkel ed il geniale architetto paesaggista Peter Joseph Lenné realizzò grandiosi piani per l'abbellimento di tutta la regione, che conciliavano armoniosamente natura e arte ispirandosi all'Italia. Sanssouci, il Giardino Nuovo, con il Palazzo di Marmo voluto da suo nonno, così come i castelli dei suoi fratelli, Babelsberg per Guglielmo (I) e Glienicke per Carlo, erano degli ottimi punti di partenza. Edifici come il castello dell'Aranciera nel parco di Sanssouci, il Belvedere sul Pfingstberg, o la grande cupola della chiesa principale della città, la chiesa di san Nicola, posero nuovi accenti. Anche se non tutti i progetti furono poi realizzati, nella metà del XIX secolo si sviluppò intorno a Potsdam un paesaggio culturale unico, che unì la città e i castelli reali che la circondavano in maniera spettacolare. A questo si aggiungevano anche le nuove con-

Il cortile interno del castello di Potsdam visto attraverso il Portale della Fortuna (1912 circa).

Il castello di Potsdam visto dal parco (foto degli anni 30).

quiste tecniche dell'epoca: ferrovia, telegrafia o gli edifici per le macchine a vapore che pompavano l'acqua per irrorare i giardini. Le aree principali di questo paesaggio di castelli e giardini, che si estendono fino all'odierno territorio di Berlino, sono state inserite nel 1990 nella lista del patrimonio universale dell'umanità dell'UNESCO.

Nel periodo degli imperatori tedeschi, che risiedevano regolarmente nei castelli di Potsdam, l'aspetto della città mutò ancora attraverso imponenti edifici per le forze armate, l'amminstrazione e la ricerca scientifica. L'elite imperiale abitava i nuovi quartieri residenziali che si sviluppavano tra i giardini reali. Nel 1918 la perdita della funzione di residenza, la riduzione dell'esercito ed i problemi economici degli anni Venti colpirono duramente la città di tradizione monarchica e conservatrice.

Attraverso l'annessione di comuni limitrofi il numero della popolazione raddoppiò raggiungendo 136000 abitanti nel 1939. Il turismo, in continua crescita dal 1900, i nuovi rami economici, come l'industria cinematografica a Babelsberg o l'ampliamento dei centri di ricerca sul Telegrafenberg, con la famosa torre di Einstein (1920/21 di Erich Mendelsohn) foggiavano sempre più la città.

Nel 1933 i nazionalsocialisti misero in scena l'apertura del parlamento nel »Giorno di Potsdam« nel tentativo di impadronirsi delle tradizioni prussiane per i loro scopi. Dodici anni dopo, il 14 aprile del 1945, un bombardamento aereo distrusse gran parte del centro storico della città, compreso il Castello. La sue rovine furono fatte saltar in aria solo nel 1960, così come quelle della chiesa della Guarnigione e della chiesa dello Spirito Santo. Entrambi furono vittime di una politica della RDT che si opponeva, anche nell'urbanistica, alla storia prussiana. Dopo la guerra si era iniziato con la ricostruzione, mantenendo la straordinaria struttura barocca della città e a riallacciandosi ad essa. La costruzione del muro distrusse dal 1961 gran parte del paesaggio culturale e separò Potsdam, che dal 1952 diventò capoluogo distrettuale, da Berlino.

I castelli ed i giardini non danneggiati rimasero un punto di attrazione turistico e poterono essere ampliamente restaurati negli anni 70. In quel periodo vennero avviati con successo anche i primi sforzi per fermare il continuo decadimento di ciò che era rimasto del centro storico.

La caduta del muro e la riacquisizione della funzione di capoluogo del Land Brandeburgo portarono nel 1990 ad un decisivo cambiamento: partendo dalla pianta storica della città il centro e la periferia poterono essere ampliamente restaurati. La riedificazione della chiesa della Guarnigione e del Castello, di cui è già stato eretto il Portale della Fortuna, sono in discussione.

Il castello di Potsdam dopo la Seconda Guerra Mondiale (1952).

CASTELLO DI CACCIA STERN

Il piccolo castello di caccia Stern, la Stella, costruito negli anni tra il 1730 e il 1732 lontano dalle porte di Potsdam in stile di una modesta casa olandese in mattoni, è l'unico castello che il »re sergente« Federico Guglielmo I fece costruire per sé. Il re era un appassionato cultore della caccia a inseguimento, molto diffusa all'epoca nelle corti europee, durante la quale la selvaggina veniva inseguita fino allo sfinimento e poi abbattuta. Per questo scopo il reggente fece trasformare dal 1725 al 1729 la Parforceheide, una brughiera a sud-est di Potsdam, in una grande riserva di caccia. Sedici sentieri si dipartivano a raggiera dal centro di una stella di strade attraversavando un terreno piano e uniforme, ricco di bosco e di selvaggina: questi cosiddetti »te-lai« favorivano la rincorsa senza ostacoli delle prede. Il castello, chiamato così per la sua posizione, fu costruito contro ogni convenzione dell'epoca non al centro della stella, bensì un po' spostato. Dietro la facciata di mattoni con un tipico frontone all'olandese e tre assi di finestre si trova la sala che, in quanto unica stanza di rappresentanza, fu allestita con una pannellatura di legno verniciata di giallo, con delle ornamentazioni intagliate, dipinti e alcuni trofei. Il resto delle stanze del castello è costituito da una cucina piastrellata, una camera da letto ed una camera per un aiutante con una semplice alcova; l'arredamento funzionale del castello è tipico dello stile borghese olandese. Gli edifici minori, la casa del castellano e una stalla, furono costruiti secondo la tradizione locale, con l'intelaiatura reticolare a vista.

Il castello di caccia Stern, la Stella, con la struttura di una casa borghese olandese, è l'unico castello che fece costruire Federico Guglielmo I.

Il castello di caccia Stern non testimonia soltanto il gusto di stampo borghese di Federico Guglielmo I, ma è soprattutto espressione della sua ammirazione per l'architettura a mattoni olandese, che aveva conosciuto durante i suoi viaggi quando era principe ereditario. Una volta finito il suo castello di caccia, fece edificare nello stesso stile a Potsdam l'Holländisches Viertel, il Quartiere Olandese.

La sala con la pannellatura di legno intagliata e con i trofei di caccia si estende, in quanto stanza di rappresentanza del castello di caccia, per tutta la larghezza dell'edificio.

Il Castello e il Parco di Sanssouci

Elegantemente adagiato e apparentemente immune allo scorrere del tempo, il castello di Sanssouci si estende in larghezza sulla terrazza più alta del vigneto. In solo due anni, tra il 1745 e il 1747, la residenza estiva di Federico II fu costruita su piani dell'architetto Georg Wenzeslaus Knobelsdorff secondo gli schizzi del committente. L'anno precedente per ordine di Federico era stato terrazzato il Wüste Berg, il Monte Deserto alle porte di Potsdam, che offriva un'ampia veduta sul paesaggio ricco di attrattive. In breve tempo sorsero sulla china sud del monte sei terrazze arcuate. In alcune nicchie protette da lastre di vetro venivano coltivate viti provenienti dall'Italia, dalla Francia e dal Portogallo mentre alle pareti tra le nicchie cresceva frutta a spalliera. Il castello ad un piano, piuttosto lungo e con una facciata di colore giallo brillante, segue nella forma il tipo della »maison de plaisance«, del castello delle delizie francese, e si compone al pianterreno di dodici stanze riccamente allestite, nelle quali si poteva entrare direttamente dalla terrazza attraverso alcune portefinestre. Sul lato nord del castello due colonnati delimitano il cortile d'onore.

L'ubicazione sulla collina del vigneto aveva fornito il motivo per la decorazione del castello. Lo scultore Friedrich Christian Glume realizzò per la facciata sud 36 cariatidi ordinate a coppie che sorreggono il tetto e rappresentano allegri baccanti di entrambi i sessi ornati di pampini. Anche gli interni, di cui Johann August Nahl, i fratelli Hoppen-

Il castello di Sanssouci, costruito da Georg Wenzeslaus von Knobelsdorff in solo due anni come capolavoro dell'architettura rococò tedesca, fu la residenza preferita di Federico il Grande dal 1747 fino alla sua morte.

Federico il Grande, di Anton Graff (1781 ca.).

haupt e Knobelsdorff fecero dei capolavori del Rococò federiciano, suggeriscono l'idea di una vita goduta serenamente in un ambiente arcadico tra ricche stuccature, rilievi, sculture e dipinti che riprendono il tema del vino.

La sontuosa Sala dei Marmi che, nella sua forma, imita liberamente il Pantheon di Roma è il centro rappresentativo del castello. Si tenevano qui le famose tavole rotonde di Federico II alle quali prendevano parte le migliori menti dell'epoca, tra

Pagina a destra: Nella Sala dei marmi, progettata da Knobelsdorff sul modello del Pantheon di Roma, si svolgevano le leggendarie tavole rotonde di Federico il Grande.

cui l'insigne filosofo illuminista francese Voltaire. Davanti alla Sala dei Marmi si trova il Vestibolo, la sala d'accoglienza, che riprende il tema del colonnato del cortile d'onore. Ad est si trovano le cinque camere di Federico, tra le quali la Sala dei Concerti è una delle più sfarzose. In questa splendida stanza, allestita come una sala degli specchi e decorata dal pittore di corte Antoine Pesne con cinque pitture murali, Federico, flautista di talento, eseguiva sempre gli assoli durante i concerti della sua orchestra di corte. Le stanze del castello sono

L'avancorpo del castello con la scritta e i baccanti di entrambi i sessi, opera di Friedrich Christian Glume.

Vista del cortile d'onore con il colonnato e del Mulino Storico sullo sfondo.

La Biblioteca, decorata con una pannellatura di legno di cedro, era il ritiro privato di Federico il Grande.

La Sala dei concerti, un capolavoro del Rococò federiciano, era la stanza dove Federico teneva i suoi famosi concerti di flauto traverso.

Le stanze degli ospiti, come ad esempio la terza con il suo rivestimento rosso-bianco, erano allestite secondo uno schema unitario e non erano così sontuose come le stanze del re.

Federico allestì la Piccola Galleria con preziose
sculture e dipinti tra i quali »Il mercato annuale
dei commedianti« di Antoine Watteau (circa 1715).

Piccola Galleria, statua di Atena
con Erittonio neonato.
Copia dell'originale romano.

»Il corteo nuziale« di Antoine Watteau (circa 1709)
nella Piccola Galleria.

Federico il Grande morì nella sua Stanza da Soggiorno e da Letto il 17 agosto del 1786. Nello stesso anno il suo successore Federico Guglielmo II fece decorare la camera in stile del primo Classicismo.

disposte »en enfilade«, una fila di stanze con le porte di comunicazione tutte lungo la stessa asse. L'unica eccezione è la Biblioteca, un gioiello con una pannellatura di legno di cedro, situato nella rotonda occidentale del castello, che con i suoi 2200 libri era il ritiro privato di Federico, lontano dagli sguardi degli altri, a cui era anche vietato l'accesso. Si può raggiungerla solo dalla Stanza del Re che era contemporaneamente suo studio e camera da letto. Le stanze per gli ospiti occupano

l'ala ovest del castello. La più famosa di queste è la cosiddetta Stanza di Voltaire, in cui gli intagli in legno dipinti realisticamente rappresentano motivi di animali e piante esotiche. Il nome scelto da Federico il Grande, sans souci – senza preoccupazioni –, doveva essere programmatico. Riallacciandosi agli anni spensierati di Rheinsberg, quando era principe ereditario, Federico voleva vivere qui, lontano dalla corte, il più privatamente possibile e per dedicarsi alle sue inclinazioni artistiche e filo-

La Stanza di Voltaire prese il nome dal filosofo e illuminista francese che, su invito di Federico, soggiornò a Potsdam dal 1750 al 1753.

Sopra e sotto: dettagli della decorazione in legno scolpito delle pareti della stanza di Voltaire.

La scultura in bronzo del Fanciullo Orante davanti alla biblioteca, ad est del castello, è una copia dell'antica statua originale comprata da Federico nel 1747.

sofiche, sentirsi »filosofo tra i filosofi« intavolando discussioni piene di spirito intellettuale e dedicandosi indisturbato alla sua attività di scrittore.

Federico il Grande abitò il suo castello di Sanssouci da aprile a ottobre per quasi quattro decenni. Morì nel 1786 nella sua Stanza da Soggiorno e da Letto. Il desiderio di Federico di venir deposto accanto ai suoi levrieri in una semplice cripta, realizzata già nel 1744 sulla terrazza più alta del vigneto, fu esaudito solo nel 1991, il giorno del 205° anniversario della sua morte. Federico Guglielmo II, nipote e successore di Federico, fece ridecorare dall'architetto Friedrich Wilhelm von Erdmannsdorf, proveniente da Wörlitz, la camera nella quale Federico era morto nello stile del primo Classicismo.

Nel 1840, anno della sua ascesa al trono, Federico Guglielmo IV, pronipote e terzo successore di Federico II, elesse il castello di Sanssouci a sua dimora estiva. Per rispetto verso il grande predecessore lasciò intatte le stanze di Federico e abitò con sua moglie Elisabetta di Baviera l'ala del castello che era stata degli ospiti. Al fine di ricavare nuovi spazi per la corte, il sovrano fece ampliare dal suo architetto Ludwig Persius le basse ali di servizio del castello, ancora d'epoca federiciana, allungandole di due assi di finestre e aggiungendo

Nelle immediate vicinanze del castello di Sanssouci sorgeva un mulino a vento del 1738, che il successore di Federico, Federico Guglielmo II, fece sostituire con un mulino olandese. La ricostruzione del mulino, dichiarato monumento nel 1861 e bruciato nel 1945, è stata completata nel 2003.

Dopo il terrazzamento del vigneto e ancor prima della costruzione del suo castello per l'estate, Federico fece realizzare, nel 1744, una cripta, dove le sue spoglie furono traferite solo nel 1991.

La cucina del castello nell'ala est, con una macchina per cucinare, le suppellettili e l'arredo dell'epoca di Federico Guglielmo IV.

La Stanza del Sogno, nell'Ala delle Dame, fu realizzata dall'architetto Ludwig Persius in base ad un sogno avuto da Federico Guglielmo.

un piano superiore per equipararle in altezza col castello. Grazie alla mano esperta dell'architetto, che realizzò un'armoniosa unione di vecchio e nuovo, non si riescono a distinguere le aggiunte del XIX secolo dall'edificio originario. Nell'ala orientale fu installata una spaziosa cucina per il castello; quella occidentale ospitava al pianterreno tre alloggi per le dame di corte e al piano superiore furono realizzati due appartamenti da cavaliere e uno da dama. Riprendendo lo stile dell'edificio principale, le stanze dell'Ala delle Dame furono allestite in stile Secondo Rococò. Particolarmente notevole è la »Traumzimmer« – la Stanza del So-

gno –, con una boiserie verde e con la decorazione argentata, che Persius aveva realizzato secondo una visione avuta in sogno da Federico Guglielmo.

Come per la costruzione del castello, anche per l'allestimento del giardino Federico volle spesso intervenire personalmente. Al centro del parterre ai piedi del vigneto, strutturato simmetricamente, si trova la vasca di una fontana, circondata da dodici statue di marmo. Le rampe ai lati delle terrazze erano delimitate da cinque file di alberi. Più ad ovest, ad entrambi i lati del viale centrale del giardino, che dall'Obelisco arriva fino al Parco dei Caprioli, fu realizzato un boschetto topiario con

Il Monte delle Rovine, visto dal vestibolo attraverso il colonnato del cortile d'onore. Gli elementi decorativi anticheggianti circondano un bacino d'acqua, costruito per rifornire d'acqua le fontane del parco. La torre a sinistra risale all'epoca di Federico Guglielmo IV.

Il vaso Corradini, opera di Georg Franz Ebenhecht nel giardino occidentale.

alberi e siepi tosati a scopo ornamentale, strutturato da rondeau e sentieri ordinati simmetricamente. Dopo la costruzione del Palazzo Nuovo, che chiude ad ovest il viale principale, il Parco dei Caprioli, allestito come un primo giardino paesaggistico, divenne il tratto di congiunzione tra il nuovo castello e il Giardino delle Delizie.

Il Monte delle Rovine, che si trova di fronte al cortile d'onore, prese il nome dalle strutture architettoniche decorative ispirate dalle rovine antiche che creano un point de vue e circondano un bacino d'acqua, costruito per rifornire d'acqua le fontane. Come la vigna anche il giardino univa l'utile al dilettevole: la coltivazione di frutta e verdura aveva infatti un ruolo importante per il sostentamento della corte. In alcune zone del parco, in particolare nel settore est del viale centrale, furono realizzati

Vista del Palazzo Nuovo situato in fondo al viale centrale del parco e delle fontane circondate di statue.

frutteti con numerosi alberi, una serie di serre e vivai per coltivare frutta e verdura. Nel 1747 venne costruita ad ovest del castello, a metà della china del vigneto, un'aranciera per far svernare i preziosi alberi d'arancio, che più tardi sarebbe stata trasformata nelle Nuove Camere.

I successori di Federico II fecero trasformare vaste aree del parco in giardino paesaggistico da artisti giardinieri come Johann August Eyserbeck e Peter Joseph Lenné pur conservando il viale principale barocco.

Federico Guglielmo IV s'impegnò per il mantenimento e l'espansione del Parco di Sanssouci. Già quando era principe ereditario ampliò il giardino federiciano con il Parco di Charlottenhof che si trovava a sud e che Lenné allestì come giardino paesaggistico inglese. Il re realizzò i piani dei giochi d'acqua di Federico e aggiunse al parco altri piccoli giardini come il Giardino Siciliano, quello Nordico e il Giardino Marly.

Friedrich Christian Glume creò otto statue per il Rondeau delle Muse tra le quali si trova Clio, la musa della storiografia.

La Sfinge, che si trova nella parte centrale del giardino, è un'opera dello scultore G. F. Ebenhecht.

L'erma con il busto di Lenné, copia di un altro di Christian Daniel Rauch (1847), nel Giardino del Luppolo a nord del Palazzo Nuovo.

La Galleria dei Dipinti

Il desiderio di Federico II di un suo edificio per l'esposizione di dipinti e sculture con cui valorizzare la residenza di Sanssouci, portò nel 1755 alla costruzione di una galleria. La scelta dell'ubicazione cadde su un lotto sulla china orientale della collina del vigneto, direttamente sotto il castello di Sanssouci. L'edificio, costruito sotto la direzione di Johann Gottfried Büring, doveva creare un pendant all'Aranciera del lato occidentale, le future Nuove Camere. Sorse una lunga costruzione ad un solo piano, rivolta a sud e con una cupola sull'avancorpo centrale. Tra le finestre trovarono posto 18 statue che simboleggiano le arti e le scienze. La sfarzosa decorazione all'interno dell'edificio, con marmo italiano bianco e giallo, le abbondanti dorature e le sculture, crea un forte contrasto con l'ornamentazione relativamente sobria della facciata. Le due ali della galleria e la sala centrale con la cupola si estendono per quasi tutta la lunghezza dell'edificio. I quadri, in cornici dorate, ricoprono fittamente la parete settentrionale e vennero acquistati espressamente per l'edificio appena costruito. Ancor prima dell'inizio dei lavori, la cui fine fu ritardata fino al 1763 a causa della Guerra dei Sette Anni, Federico aveva già commissionato l'acquisto dei dipinti. Per la scelta dei quadri, il re si fece guidare dal suo gusto personale. Se in età più giovane aveva preferito, soprattutto con Watteau e i suoi epigoni, i pittori contemporanei francesi, ora faceva comprare dai suoi mediatori principalmente opere del Rinascimento italiano e del Barocco olandese e fiammingo, di cui apprezzava i pregevoli dipinti di scene storiche in grande formato. Un ga-

Veduta della sala ovest della Galleria dei Dipinti. Qui Federico presentava, appese fittamente, le opere di pittori olandesi.

Il desiderio di Federico il Grande di un edificio per l'esposizione di preziosi dipinti e sculture, portò dal 1755 alla costruzione della Galleria dei Dipinti, il primo edificio museale indipendente in Germania.

Uno dei capolavori della Galleria dei Dipinti:
il »Tommaso incredulo« di Caravaggio.

»La morte di Cleopatra« di Guido Reni.
Nel 1763 Federico acquistò il quadro,
dipinto intorno al 1626,
per la Galleria dei Dipinti.

binetto nel lato orientale dell'edificio accolse i quadri di piccolo formato. L'attività di collezionista del re si esaurì quando la Galleria dei Dipinti fu piena di opere: nel 1770 ne ospitava 168. Tra i pezzi più importanti vanno menzionati il »Tommaso incredulo« del Caravaggio, »La morte di Cleopatra« di Guido Reni, e »La Battaglia delle Amazzoni« di Peter Paul Rubens. Il sistema con cui venivano appesi i quadri era innovativo: ordinati secondo le scuole pittoriche, nella sala occidentale e in quella

centrale si trovavano i dipinti dei maestri olandesi; nella sala orientale le opere italiane. Nel 1829 una parte significativa della collezione venne trasferita all'Altes Museum di Berlino. Questo vuoto, come quello dovuto alle conseguenze della Seconda Guerra Mondiale, venne colmato da quadri provenienti da altri castelli reali o da nuove acquisizioni. La Galleria dei Dipinti è, tra quelli ancora in uso, il museo regio più vecchio della Germania.

LE NUOVE CAMERE

Per poter alloggiare gli ospiti vicino a sé, nonostante il numero ridotto di stanze nel castello del vigneto, Federico il Grande fece convertire l'edificio dell'Aranciera, che si trovava sul lato ovest della china del Sanssouci, in un castello per gli ospiti. La serra era stata costruita nel 1747, secondo i piani di Knobelsdorff, per proteggere durante l'inverno le preziose piante meridionali in vaso. Le sette grandi rimesse dell'Aranciera, che nei mesi estivi restavano vuote, venivano utilizzate per balli, concerti, rappresentazioni teatrali o operistiche

Dopo che erano stati costruiti due edifici sostitutivi per le piante, Georg Christian Unger negli anni 1771–1775 diresse i lavori per la sua trasformazione in un castello per gli ospiti.

Per riprendere la struttura della Galleria dei Dipinti, venne aggiunta una cupola alla struttura esterna, che non subì altrimenti nessun'altra modifica. La decorazione degli interni, in stile tardo Rococò federiciano, venne affidata a Johann Christian Hoppenhaupt. Nell'ala orientale sorse una serie di quattro saloni, nei quali la decorazione si impreziosisce partendo dalla Galleria Blu fino alla sala principale, che si trova sotto la cupola. La Galleria di Ovidio, in quanto galleria di specchi, fu decorata seguendo il modello francese dai fratelli Räntz, provenienti da Bayreuth, con numerosi rilievi dorati che mostrano motivi dalle Metamorfosi del

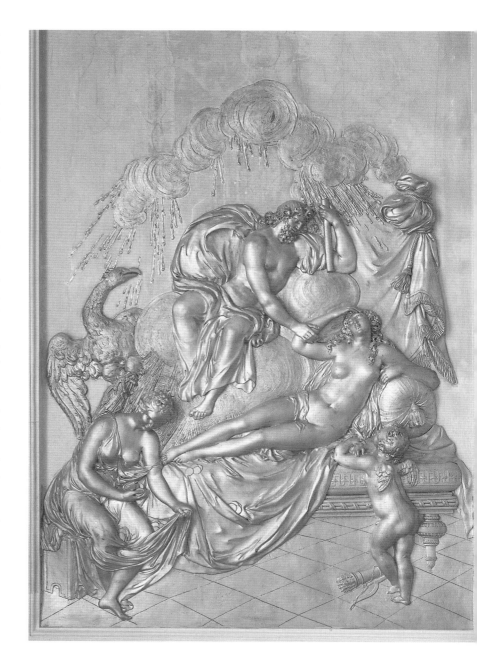

Un soggetto dalle Metamorfosi:
Giove e Danae.

L'avancorpo delle Nuove Camere. Il castello
per gli ospiti di Federico II sorse sotto la direzione
di Georg Christian Unger a partire dal 1771, tras-
formando un'aranciera preesistente.

La sontuosa Sala del Diaspro, il più grande tra i saloni delle feste, si trova sotto la cupola al centro del castello.

poeta latino Ovidio. Attigua a questa, al centro del castello si trova la Sala del Diaspro, che fungeva da salone per le feste e deve il suo nome alla pietra semipreziosa di cui sono ricoperte le pareti ed il pavimento. L'ala occidentale dell'edificio, al quale presto sarebbe stato dato il nome Nuove Camere, è divisa in tre stanze da soggiorno e quattro da letto, tra le quali il Gabinetto Laccato Verde, o il Grande ed il Piccolo Gabinetto ad Intarsi, allestite per gli ospiti in maniera molto varia. Gli appartamenti

servivano in particolare per l'alloggiamento di militari di alto rango durante il periodo delle parate, che venivano tenute regolarmente, e delle esercitazioni autunnali. Federico Guglielmo IV, che nel 1840, anno della sua ascesa al trono, elesse il castello di Sanssouci a sua residenza estiva, negli anni 1842-43 fece modificare le Nuove Camere dal suo architetto Ludwig Persius. L'edificio ricevette un colonnato sul lato settentrionale ed un portico su quello occidentale. Per poter offrire accoglienza

La Galleria di Ovidio fu utilizzata quale sala da
concerti e allestita nella tradizione delle gallerie
di specchi francesi. I fratelli Räntz, provenienti
da Bayreuth, crearono quattordici rilievi in stucco
dorati con scene delle Metamorfosi di Ovidio,
uno dei libri preferiti di Federico.

ad un numero maggiore di ospiti venne costruita
una loggia con due stanze sul lato stretto che guar-
da al Sanssouci. Nelle stanze da soggiorno dell'ala
degli ospiti furono ricavate delle alcove, che si nascondono dietro aperture impercettibili nelle pareti,
occupando lo spazio delle vecchie camere dei domestici, ora spostate al nuovo piano superiore sorto
nel lato nord. In alcune stanze risiedevano le dame
di compagnia di Elisabetta di Baviera, moglie di
Federico Guglielmo IV.

*Il grande Gabinetto ad Intarsi,
una delle stanze per gli ospiti delle
Nuove Camere, è un'opera dei
fratelli Spindler di Bayreuth.*

IL PALAZZO NUOVO

Subito dopo la fine della Guerra dei Sette Anni, che aveva portato il paese quasi al crollo, Federico pose mano alla costruzione dell'imponente Palazzo Nuovo. Il castello di rappresentanza, che il sovrano definiva la sua »fanfaronnade«, la sua fanfaronata, aveva carattere simbolico. Doveva essere un segno della potenza di una Prussia che era uscita vittoriosa dalla guerra e più forte di prima. I piani, in cui Federico, come in tutti i suoi progetti edili, intervenne attivamente, provenivano dalla penna di Johann Gottfried Büring, che fu sostituito dal 1765 da Carl von Gontard, chiamato da Bayreuth. Opera principale dell'architettura del tardo Rococò federiciano, dal 1763 al 1769 sorse in solo sette anni un vasto complesso barocco a tre ali, che circondano un cortile d'onore, con più di 300 stanze. La lunga e imponente facciata dell'edificio a due piani e mezzo è strutturata dal risalto centrale, coronato da una cupola, e da pilastri di pietra arenaria che uniscono i due piani principali ed il mezzanino. Analogamente al corpo di fabbrica principale, anche i due piccoli padiglioni d'angolo ad un solo piano, aggettanti a nord e a sud, furono provvisti di cupole. Più di 400 sculture, figure dal mondo delle antiche saghe e degli dei, decorano la facciata e la balaustra del tetto. Erano state realizzate da un gran numero di scultori, tra cui Johann Peter Benckert e i fratelli Räntz da Bayreuth. I cosiddetti »Communs«, due edifici di servizio simili a palazzi, anch'essi con una cupola, delimitano il complesso ad ovest e ospitano cucine, stanze per l'amministrazione domestica, per la corte e per la servitù,

Subito dopo la fine della Guerra dei Sette Anni, Federico il Grande ordinò la costruzione del Palazzo Nuovo. La sua »Fanfaronnade« doveva essere il simbolo di una Prussia rafforzata.

L'imponente facciata del Palazzo Nuovo, il castello più grande costruito da Federico II, si estende per una lunghezza di duecento metri all'estremità ovest del viale principale.

nascondendo alla vista i terreni incolti che si estendevano alle loro spalle. Gli edifici, che seguono i progetti di Jean Laurent Le Geays e di Gontard, sono collegati da un colonnato semicircolare, che si apre al centro in un arco di trionfo. Conformemente alla sua funzione di castello per gli ospiti del

I »Communs«, simili a palazzi, ospitavano le cucine e altre stanze di servizio e in più potevano alloggiare servitù e corte.

re, nel Palazzo Nuovo fu realizzata una serie di appartamenti riccamente allestiti, come la Dimora Principesca Inferiore e quella Superiore, l'Appartamento del Principe Ereditario e l'Appartamento di Enrico. La decorazione in stile del tardo Rococò federiciano era affidata a Johann Christian Hoppenhaupt. Per l'arredamento del nuovo castello fu comprata o ordinata una grande quantità d'importanti oggetti d'arte, come dipinti barocchi italiani e olandesi, dipinti da soffitto monumentali, porcellane e mobilia. I numerosi mobili di lusso, con preziosi intarsi e borchie dorate, sono testimonianza delle capacità di esperti ebanisti. I loro creatori erano soprattutto Melchior Kambly e i fratelli Johann Friedrich e Heinrich Wilhelm Spindler. Sono degni di nota i sontuosi saloni e le gallerie nel corpo centrale: la Sala della Grotta e la Galleria dei

Marmi al pianterreno come anche la Sala dei Marmi e la Galleria Superiore al secondo piano. Oltre alle gallerie, la prestazione artisticamente più ragguardevole è l'Appartamento Reale con la Sala da Musica, la Biblioteca, e i gabinetti di lavoro, che il caparbio re non si fece allestire, come sarebbe

Pagina a destra, in alto: La Sala della Grotta, che dà sul parco, era l'entrata ufficiale per l'Appartamento Reale e per gli alloggi degli ospiti.

Pagina a destra, in basso: L'imponente Sala dei Marmi, realizzata da Gontard, in quanto salone principale è alta l'equivalente di due piani e lunga quanto tutto il corpo centrale.

Il pezzo forte del Palazzo Nuovo è l'Appartamento Reale, che Federico si fece allestire lontano dagli alloggi degli ospiti e dai saloni, nel padiglione d'angolo a sud. Veduta della Camera dei Concerti.

Federico fece allestire nell'ala nord un appartamento per suo fratello Enrico e la sua consorte Guglielmina. Vista della Camera da letto dal Gabinetto della principessa.

Lo Studio dell'Appartamento Reale, che Federico abitava saltuariamente.

Il sontuoso cassettone nello Studio del re, decorato con preziosi intarsi e bronzo argentato, è un'opera di H. W. Spindler e di M. Kambly.

stato adeguato al suo rango, nel corpo di fabbrica centrale, ma in disparte nella piccola ala sud. I due piani superiori della grande ala meridionale ospitano il teatro, che Johnann Christian Hoppenhaupt il G. dotò di una platea ascendente come quella di un anfiteatro e con gallerie separate da erme dorate. Federico il Grande, che rinunciò a una loggia personale, faceva rappresentare nel suo teatro, utilizzato ancora oggi, l'opera italiana o drammi francesi.

Il teatro del Palazzo Nuovo è uno dei pochi teatri del XVIII secolo rimasti in Germania. Federico faceva rappresentare qui opera italiana e drammi francesi. Veduta della platea dal palco.

Dal lato del giardino, il nuovo castello fu collegato attraverso un'aiuola semicircolare e delle sculture al Bosco dei Caprioli, una parte del parco adibita a foresta da Knobelsdorff. Il viale principale, che passa attraverso la vecchia riserva di caccia ed è fiancheggiato da siepi, funge da collegamento tra il Giardino delle Delizie e il Palazzo Nuovo. Tra il Bosco dei Caprioli e l'aiuola, sull'asse dei padiglioni d'angolo del Palazzo Nuovo, furono costruiti tra il 1768 e il 1770 due templi rotondi anticheggianti su un'idea di Federico e su progetto di Gontard.

Nella Camera da letto della Dimora Principesca Inferiore morì nel 1888 l'imperatore Federico III.

Il Freunschaftstempel – il Tempio dell'Amicizia –, a sud del viale principale, è dedicato alla memoria della sorella più amata da Federico, Guglielmina di Bayreuth, morta nel 1758. Il pendant a nord è costituito dall'Antikentempel – il Tempio delle Antichità –, in cui Federico teneva, come in un piccolo museo, pezzi della sua collezione di antichità. Dal 1921 il Tempio delle Antichità è il mausoleo dell'imperatrice Augusta Vittoria, morta in esilio in Olanda. Nel 1786, dopo la morte di Federico il Grande, tutto si calmò al Palazzo Nuovo, che venne abitato saltuariamente fungendo talvolta da cornice per le feste della corte prussiana. Solo dal 1859 il castello venne riscoperto, diventando la residenza estiva del principe ereditario Federico Guglielmo, il futuro imperatore Federico III, e di sua moglie Vittoria. All'inizio del suo regno di soli

Il Tempio dell'Amicizia nel Bosco dei Caprioli è dedicato alla memoria di Guglielmina di Bayreuth, la sorella più amata da Federico, morta nel 1758.

Nel corso dell'ammodernamento del Palazzo Nuovo furono installati dei bagni nei vecchi gabinetti da toilette o negli armadi a muro. Il Bagno nell'Armadio dell'Appartamento del Principe di Prussia.

99 giorni l'imperatore cambiò il nome del castello in Friedrichskron, dove morì nel 1888. Con il suo nome originario il palazzo fu dal 1889 al 1918 la residenza preferita dell'imperatore Guglielmo II e di sua moglie Augusta Vittoria, che vi abitavano dall'inizio della primavera fino a Capodanno. L'imperatore continuò l'opera di ammodernamento iniziata dal padre, in modo che alla fine il castello era fornito di bagni con gabinetto, riscaldamento centralizzato, elettricità e un ascensore vicino alla scala nord.

L'entrata principale del castello fu spostata nella parte del giardino e la terrazza davanti alla Sala della Grotta fu decorata con delle sculture e trasformata in una rampa d'accesso per auto.

Il Padiglione Cinese e la Casa dei Draghi

Il forte entusiasmo per la Cina, sviluppatosi nel XVIII secolo negli ambienti di corte, si poteva riscontrare non solo nelle collezioni ed esposizioni di beni di lusso cinesi come oggetti laccati, stoffe di seta e porcellana. Le forme decorative asiatiche, che con le loro filigrane e la loro leggerezza incontravano il gusto del tempo, furono subito imitate e aggiunte, come »cineserie«, al canone formale del rococò. Questa moda ebbe nel parco di Sanssouci anche un'eco architettonica, attraverso il Padiglione Cinese e la Casa dei Draghi. Il primo venne costruito da Johann Gottfried Büring secondo delle idee di Federico II, tra il 1754 e il 1756, come grazioso ornamento per il parco in un settore isolato al margine del Bosco dei Caprioli. L'inaugurazione dell'edificio, all'epoca nascosto da alte pareti di siepe, venne ritardata dalla Guerra dei Sette Anni fino al 30 aprile del 1764, quando fu festeggiata con un banchetto reale. La pianta del padiglione riprende la forma del trifoglio: al centro una sala circolare intorno alla quale si aprono tre gabinetti a forma di fungo, uniti all'esterno da dei portici. Le colonne a forma di palma, che reggono il tetto a tenda e bordato del portico d'ingresso, sottolineano il carattere esotico dell'edificio. Il ricco e pregiato complesso decorativo di statue che circonda l'edificio fu opera di Johann Peter Benckert e Johann Gottlieb Heymüller: le statue a grandezza naturale, in pietra arenaria e dorate, rappresentano dei cinesi che serenamente fanno musica, oppure mangiano o bevono il tè raccolti in piccoli gruppi. Sulla cupola a tamburo troneggia un mandarino con il parasole aperto, opera di Benjamin Giese. La sala fu

Il Padiglione Cinese fu realizzato dall'architetto Johann Gottfried Büring come ambiente per piccoli ricevimenti.

Dodici figure singole di musicanti si aggiungono ai gruppi scultorei. La violinista è un'opera di Johann Gottfried Heymüller.

Le pitture illusionistiche di Thomas Huber alle pareti e al soffitto mostrano scene popolate da numerosi cinesi, figure di Buddha e animali.

Il gruppo dei mangiatori di melone è uno di sei gruppi scultorei che circondano il Padiglione Cinese. Fu realizzato da Johann Peter Benckert in pietra arenaria dorata.

decorata da Thomas Huber con un fantasioso dipinto murale illusionistico che presenta uno scenario cinese idealizzato, uccelli esotici e scimmiette scatenate. Il padiglione ospita oggi una collezione di porcellane cinesi ed europee secondo il gusto dell'Asia orientale. La Casa dei Draghi sul Klausberg fu costruita su progetto di Gontard tra il 1772 e il 1774, come ultima cineseria, seguendo il modello di una pagoda cinese. Su un pianoterra ottagonale con quattro pareti arcuate e concave, si ergono tre piani a lanterna aperti con balaustrate in legno. Le sedici sculture a forma di drago che si trovano sui costoloni del tetto hanno dato il nome alla casa. L'edificio, che aveva alcune piccole stanze e una cucina, doveva essere in origine la casa

La Casa del Drago fu costruita come cineseria dal 1770 al 1772 da Carl von Gontard. Gli servì da modello la Pagoda di William Chambers nel Kew Garden di Londra.

del vignaiolo che si prendeva cura delle viti sul Klausberg, ma rimase inabitato per anni finché, dopo un restauro nel 1878, non vi fu alloggiato il custode del Belvedere. Dal 1934 nella Casa del Drago, alla quale fu annessa nel corso del XIX secolo una serie di altri edifici, viene gestito un ristorante.

I draghi sui tetti della pagoda hanno dato il nome all'edificio.

IL BELVEDERE SUL KLAUSBERG

Il Belvedere sul Klausberg è l'ultimo degli edifici eretti da Federico II nel parco di Sanssouci. Di colore chiaro e ben visibile da lontano, fu costruito negli anni tra il 1770 e il 1772 sotto la direzione di Unger, come primo punto panoramico a Potsdam con una struttura architettonica. Su una pianta ellittica si ergono due piani sovrastati da una cupola intorno alla quale sono disposte delle statue in pietra arenaria. Entrambi i piani sono circondati da un ballatoio con delle colonne e, sul lato nord, una scala esterna a due rampe funge da entrata principale per l'edificio. L'interno del Belvedere offre solamente spazio per due sale, che facevano da gradevole cornice per piccole comitive: le pareti ed il pavimento del pianoterra erano in diaspro rosso e in marmo bianco e grigio, mentre la sala al piano superiore aveva un pavimento in parquet di legno di quercia e alle pareti un rivestimento in marmorino verde seladon. Dal Belvedere si gode di un'ampia veduta sul parco e sul paesaggio circostante. Grazie al punto panoramico e al riassetto del terreno vicino, il Klausberg fu incluso nel progetto per la relizzazione del parco per il Nuovo Palazzo. L'altura che delimita il parco a nord-est fu utilizzata per una vigna e su numerose pareti cresceva frutta a spalliera. Dopo la Seconda Guerra Mondiale il Belvedere sul Klausberg era ridotto ad una rovina completamente bruciata.

Nel 1990 cominciarono il restauro e la ricostruzione dell'edificio, che furono terminati nel

La sala al piano superiore con vista sulla cupola del Palazzo Nuovo. Il dipinto illusionistico di Christian Wilhelm Baron e Friedrich Wilhelm Bock sul soffitto è restaurato e mostra un cielo ravvivato da nuvole e uccelli.

Il Belvedere sul Klausberg fu realizzato da Georg Christian Unger su schizzi di Federico II come punto panoramico e prospettico. Il modello per l'ultimo edificio del re nel parco di Sanssouci fu fornito dalla ricostruzione di Francesco Bianchini del palazzo imperiale di Nerone nell'antica Roma

1993 con il completamento della struttura esterna. Dopo la ricostruzione parziale degli interni, il Belvedere è stato riaperto al pubblico nel 2003.

Il Castello e il Parco di Charlottenhof

Il castello di Charlottenhof si trova al centro del parco, realizzato dal 1826, che ne prende il nome e che si integra al parco federiciano come ampliamento meridionale.

L'edificio fu costruito negli anni tra il 1826 e il 1829 come residenza estiva del principe ereditario Federico Guglielmo (IV) e di sua moglie Elisebetta di Baviera, sulla base di una costruzione preesistente del XVIII secolo. L'architetto Karl Friedrich Schinkel ricavó da una cadente casa padronale barocca, che portava il nome di una sua ex proprietaria, una piccola villa classicistica, ispirata da antichi modelli italiani, che viene oggi considerata uno dei capolavori dell'architetto. Il principe ereditario, dotato di talento artistico e con ambizioni di architetto, partecipava intensamente alla concezione dell'edificio con numerosi schizzi e progetti. Schinkel non si incaricò solo dell'edificazione del castello, ma dette una impronta considerevole anche all'allestimento interno, progettando mobili, decorazioni murali ed altri dettagli decorativi. Il castello, di superficie limitata, ospita oltre al vestibolo, alto quanto entrambi i piani, dieci stanze al piano superiore, tra le quali i Gabinetti di scrittura di Federico Guglielmo e di Elisabetta, una camera da letto, un soggiorno e due camere per la dame di corte o per gli ospiti. Dalla Sala da Pranzo di rappresentanza, al centro del castello, attraverso tre porte a battenti si raggiunge, dopo aver superato un portico, la terrazza ottenuta grazie ad un ammassamento di terra, delimitata ad est da un'ese-

Il piccolo castello classicistico di Charlottenhof sorse, tra il 1826 e il 1829, dalla trasformazione di un edificio preesistente, su piani di Schinkel e schizzi del principe ereditario Federico Guglielmo, quale sua residenza estiva.

Federico Guglielmo IV e Elisabetta di Baviera, di Karl Wilhelm Wach (1840).

dra, una panca a forma di emiciclo su modello antico, e a sud da una pergola con tralci di vigna. Le stanze piccole e intime, i cui interni si sono conservati quasi integralmente, trasmettono con il loro carattere alquanto privato il quadro di un tranquillo ambiente borghese. Esse si caratterizzano per il colore individuale, le ornamentazioni sobrie, artigianato artistico e mobili selezionati. Numerose calcografie, acquarelli, e guazzi con cornici dorate decorano le pareti. Come per il complesso del castello di Glienicke, Schinkel era affiancato dall'esperto architetto di giardini Peter Joseph Lenné. Anche per l'allestimento del parco, un terreno precedentemente piatto e in parte paludoso ci si orientò sul modello italiano. La struttura assiale del giardino, dall'Ippodromo attraverso il gruppo scultoreo d'Ildefonso, il Boschetto dei Poeti con busti di scrittori italiani e tedeschi, la terrazza, il Giardino delle Rose con la sua impostazione simmetrica fino allo Stagno delle Macchine, è in diretta relazione con l'asse centrale del castello che entra così armo-

*La Sala da Pranzo con il tavolo progettato
da Schinkel è il centro degli ambienti. Insieme
al Vestibolo, a cui è collegata da una porta
a battenti, crea l'asse centrale del castello.*

*Il Vestibolo del castello, realizzato su progetti
di Schinkel e alto quanto entrambi i piani, è
l'ingresso alle stanze signorili al piano superiore.*

niosamente a far parte dell'insieme. Lenné strutturò l'area restante nello stile del giardino paesaggistico inglese con singoli alberi o boschetti di vegetazione, assi visive, una modellazione d'effetto del terreno e una rete di vialetti. Dal 1842 al 1844 l'architetto Ludwig Persius, allievo di Schinkel, arricchì l'area occidentale del parco con la costruzione della Fagianeria.

Il Giardino delle Rose, realizzato da Hermann Ludwig Sello nel 1835, fu trasformato nel 1885 in un giardino di fiori e riportato nel 1995 alle sue forme originali.

Pagina 88, in alto: La »Zeltzimmer«, la »Stanza della Tenda« veniva utilizzata come camera da letto per la dame di corte o per gli ospiti. Schinkel l'allestì secondo il modello della »Stanza della Tenda« dell'imperatrice Giuseppina a Malmaison, vicino a Parigi.

Pagina 88, in basso: Lo Stibadium, progettato da Schinkel, situato nell'Ippodromo. La panca al coperto e il maneggio, con la sua struttura geometrica, seguono modelli antichi.

I Bagni Romani

Come complemento estetico e ideale all'ambiente
meridionale di Charlottenhof, sorse nelle dirette vicinanze dal 1829 al 1840 il complesso di edifici dei
Bagni Romani. Della realizzazione dei progetti,
spesso modificati, di Karl Friedrich Schinkel e del
principe ereditario Federico Guglielmo, fu incaricato l'architetto Ludwig Persius, il quale aveva già
curato la costruzione dello Charlottenhof. Questo
pendant rustico all'abitazione principesca unisce in
un complesso asimmetrico una serie di diversi edifici che, attraverso pergole, arcate, e giardini si
fondono in un armonioso complesso mediterraneo.
Accanto alla Casa del Giardiniere, in stile delle case di campagna toscane del XV secolo, che ospitava
l'alloggio del giardiniere e alcune camere per gli
ospiti del principe ereditario, sorsero una torre
quadrata come accento verticale, una casa per i domestici di carattere meridionale e un padiglione da
tè vicino allo Stagno delle Macchine, dalla forma di
un tempio greco. Il piccolo lago artificiale prese il
nome da una Casa delle Macchine a Vapore, che in
precedenza si trovava presso il Giardino delle Rose
ed era servita per il funzionamento delle fontane.
Dietro a un'arcata, che a nord delimita il cortile
interno, l'imitazione di un'abitazione romana ospita un bagno che ispirò il nome per l'intero complesso. Le terme, in stile pompeiano, sono com-
poste da diversi ambienti quali l'Atrio, l'Impluvio,
l'Apoditerio e il Calidario. L'impianto, mai utilizzato come terme, non è l'esatta ricostruzione di un
bagno romano, ma una variazione libera e scher-

*I Bagni Romani dal lato ovest. Il pittoresco com-
plesso sorse tra il 1829 e il 1840 come espressione
dell'entusiasmo per l'Italia di Federico Guglielmo,
su piani di Karl Friedrich Schinkel e Ludwig
Persius.*

*Il Rombo che sputa acqua è un'opera del 1833
di Christian Daniel Rauch su schizzi di Federico
Guglielmo.*

zosa di diversi elementi d'architettura interna antica. Gli ambienti furono decorati con fantasiose
pitture murali anticheggianti e allestiti con copie di
statue antiche e sculture contemporanee.

Veduta dall'Atrio nell'Impluvio, che prende il nome dall'ambiente principale della casa romana e dal bacino ricavato nel pavimento per la raccolta dell'acqua piovana. Federico Guglielmo ricevette in regalo la colossale vasca di diaspro verde da suo cognato, lo zar Nicola I.

Il Calidario è, in qualità di bagno ad acqua calda delle terme romane, l'ambiente principale dei Bagni. Dietro le quattro cariatidi di marmo si trova il bacino per l'acqua ricavato nel pavimento.

La »Dampfmaschinenhaus«, la Casa delle Macchine a Vapore

Con la Casa delle Macchine a Vapore, costruita sotto Federico Guglielmo IV dall'architetto Ludwig Persius negli anni tra il 1841 e il 1843, fu finalmente possibile azionare le fontane nel parco di Sanssouci grazie ad una macchina a vapore attivata da una pompa a 14 stantuffi della ditta Borsig di Berlino. Federico il Grande aveva già fatto ricavare un bacino sul Monte delle Rovine per rifornire le fontane, ma il progetto fallì a causa delle difficoltà tecniche sorte dal tentativo di pompare l'acqua dell'Havel dal fossato detto »delle pecore« fino a quell'altezza. Dopo decenni di esperimenti fallimentari e un'enorme dispendio di soldi, nel 1780 Federico ordinò di arrestare tutti i tentativi e dovette rinunciare ai giochi d'acqua, elemento centrale del giardino barocco. Federico Guglielmo IV scelse come ubicazione della pompa l'insenatura dell'Havel, affinché l'abbellisse maggiormente. Fu costruito un condotto dalla Casa delle Macchine fino al bacino sul Monte delle Rovine e una folta rete di tubazioni nel parco che collegava le fontane tra loro. Nell'ottobre del 1842 fu inaugurata la macchina a vapore che, con una potenza di 81,4 CV, era la più grande in Germania. Con la pompa si riuscì finalmente, dopo quasi 100 anni dai primi tentativi, a riempire il bacino sul Monte delle Rovine con l'acqua dell'Havel e ad assicurare così il funzionamento duraturo delle fontane nel parco. L'edificio della Casa delle Macchine a Vapore fu realizzato, in concordanza con il pluralismo stilistico dell'epoca, in forma di moschea egizia con delle fasce di mattoni smaltate e variopinte, una cupola a tamburo e un alto minareto come canna fumaria.

La pompa, imitazione di una moschea egiziana, fu costruita da Ludwig Persius tra il 1841 al 1843.

Dettaglio della macchina a vapore con 80 cavalli di potenza costruita dalla ditta berlinese Borsig, che rese possibile il funzionamento delle fontane e i giochi d'acqua nel parco di Sanssouci.

Anche la sala macchine al suo interno riprende questo tema decorativo, sebbene qui fecero da modello le moschee della Spagna meridionale. Le arcate in stile moresco combinano forme stilistiche dell'Alhambra e della moschea di Cordoba creando nella sala macchine, con le pitture a sagoma orientaleggianti delle pareti, un'atmosfera quasi sacra. Ancora oggi la Casa delle Macchine a vapore rifornisce d'acqua il parco di Sanssouci attraverso il bacino sul Monte delle Rovine, ma non più con la vecchia pompa, che è oggi il pezzo forte di un piccolo museo della tecnica, bensì con due pompe elettriche.

LA TORRE NORMANNA

I piani di Federico Guglielmo IV per l'ampliamento del parco di Sanssouci includevano anche il Monte delle Rovine e la cosiddetta Bornstedter Feldflur, la zona agricola che si trovava un po' più a nord.

Per poter apprezzare in maniera adeguata le attrattive naturali della regione, nel 1846 fu eretta sul Monte delle Rovine la Torre Normanna, a quattro piani, come torre panoramica. Il progetto era di Ludwig Persius e la direzione dei lavori affidata a Ferdinand von Arnim. La torre di pianta quadrata, alta 23 metri e orlata di merli in stile delle torri di guardia medievale, che completa le rovine dell'epoca federiciana, ospitava una stanza da tè per il re e l'alloggio del guardiano della torre in una camera attigua. Il Monte delle Rovine e il territorio a nord ricevettero da Lenné una struttura paesaggistica attraverso vialetti e gruppi di vegetazione. La Torre Normanna, che durante la Seconda Guerra Mondiale era stata molto danneggiata e nel periodo seguente era decaduta, è stata riaperta al pubblico nel 2001, dopo un'opera di restauro e ricostruzione.

Veduta del Monte delle Rovine dall'Abbeveratoio, una fontana progettata da Ludwig Ferdinand Hesse.

La Torre Normanna sul Monte delle Rovine fu eretta su piani di Ludwig Persius nel 1864 come punto panoramico e complemento agli edifici ornamentali di Federico II.

La Chiesa della Pace e il Giardino Marly

L'estremità sud-est del Parco di Sanssouci è costituita dal pittoresco e romantico complesso di edifici della Chiesa della Pace, che fu costruito negli anni tra il 1845 e il 1854 dagli architetti Ludwig Persius e August Stüler, seguendo i progetti di Federico Guglielmo IV con riferimenti a modelli italiani di diverse epoche. Il centro spirituale del complesso è la basilica a tre navate che s'innalza nel mezzo dello stagno artificiale detto »della Pace« e fu realizzata secondo il modello della chiesa paleocristiana di San Clemente a Roma. La torre campanaria indipendente è ispirata dal campanile della chiesa di Santa Maria di Cosmedin. Il gruppo di edifici riunisce accanto alla chiesa diverse costruzioni minori che somigliano a monasteri, come una dimora per il parroco e una scuola, una portineria e un'ala dei cavalieri. Ispirandosi a edifici sacri romanici, furono creati, oltre all'Atrio e al Chiostro, due cortili circondati da colonne, i quali al pari del colonnato vicino allo stagno sono decorati con rilievi e resti medievali. Pergole, altane e arcate uniscono artisticamente gli edifici tra loro. Negli interni, decorati riccamente con diversi tipi di marmo, l'abside fu ornata con un mosaico italiano-bizantino della prima metà del XIII secolo, l'unico oggi presente a nord delle Alpi, che proviene dalla chiesa di San Cipriano a Murano, presso Venezia.

La statua della Fanciulla con il Pappagallo su una colonna di vetro bianco e blu è un'opera di Heinrich Berges.

L'insieme di edifici della chiesa della Pace sorse tra il 1845 e il 1854 su modelli italiani di diverse epoche come espressione della religiosità romantica del committente.

Il Mausoleo costruito da Julius Raschdorff nel lato nord dell'Atrio accoglie i sarcofagi di Federico III e di sua moglie Vittoria, opere di Reinhold Begas.

Il Chiostro presso la chiesa della Pace. La scultura del Cristo è la copia di un originale dello scultore danese Bertel Thorwaldsen.

Federico Guglielmo l'aveva comprato prima dell'abbattimento della chiesa, facendo adattare le misure dell'abside a quelle del mosaico. Il committente e sua moglie Elisabetta di Baviera trovarono l'ultima dimora in una cripta sotto il coro. Negli anni tra il 1888 e il 1890 Julius Raschdorff eresse nel lato nord dell'Atrio il Mausoleo dell'imperatore

Il mosaico dell'abside della prima metà del XIII secolo proviene dalla chiesa di San Cipriano a Murano, presso Venezia. Federico Guglielmo IV lo comprò durante un viaggio in Italia e fece adattare la cupola sopra l'altare alla grandezza del mosaico.

Federico a forma di rotonda con cupola, nel quale furono deposti i sarcofagi con le sculture di Reinhold Begas che rappresentano l'imperatore e sua moglie Vittoria giacenti.

Il Giardino della Pace e il Giardino Marly creano la giusta cornice naturale, ricca d'atmosfera, per l'insieme monastico. Con la trasformazione dell'adiacente Giardino Marly, subito a nord, l'architetto di giardini Peter Joseph Lenné realizzò uno dei suoi capolavori su una superficie ridottissima. Il giardino era stato allestito in origine dal »re Sergente« Federico Guglielmo I come orto privo di decorazione ed era stato chiamato ironicamente con il nome di un lussuoso giardino del »re Sole« Luigi XIV. Lenné creò un esemplare giardino paesaggistico che raggiungeva il suo effetto grazie a un'elegante combinazione tra la modellatura del terreno e una rete di vialetti, tra aiuole e gruppi di vegetazione, tra assi visive e piazzole ricreative con statue di scultori contemporanei.

Il colonnato presso lo stagno della Pace, uno specchio d'acqua artificiale creato solo per il pittoresco riflesso nell'acqua

La Chiesa della Pace vista dal giardino Marly.

Il Castello dell'Aranciera

Con la costruzione dell'Aranciera sull'altura al confine nord del parco, la tradizione edilizia regia nel complesso di Sanssouci giunse ad una sontuosa conclusione.

Negli anni tra il 1851 e il 1864 furono realizzati i piani per la costruzione del castello dell'Aranciera, dopo un lungo processo di sviluppo che si prolungò anche durante la costruzione. Gli architetti Ludwig Persius, Friedrich August Stüler e Ludwig Ferdinand Hesse dovettero attenersi rigorosamente ai piani di Federico Guglielmo IV, a cui bisogna riconoscere un cospicuo contributo creativo nella realizzazione del castello. Molto affascinato durante tutta la sua vita dall'architettura italiana, il re scelse come modelli per l'Aranciera la Villa Medici di Roma e gli Uffizi di Firenze. Dal corpo centrale dominante a due piani, davanti al quale si trova un cortile con un portico, s'innalzano due torri panoramiche collegate da un colonnato. Le spaziose rimesse attigue, rivolte a sud, servivano per lo svernamento delle piante in vaso. Ai lati l'edificio è delimitato da due padiglioni d'angolo aggettanti con dei passaggi molto ampi. La sontuosa Sala di Raffaello, al centro del corpo principale, realizzata sul modello della Sala Regia del Vaticano, riunisce le copie delle opere dell'artista rinascimentale raccolte durante una lunga attività di collezionista. Tra le stanze situate nella parte settentrionale, decorate in stile Secondo Rococò, oltre alla Camera e allo Studio del re, si trova un appartamento per gli ospiti, con la Stanza della Malachite, dove alloggiava la zarina Alexandra Feodorovna, sorella di Fede-

Il monumentale castello dell'Aranciera, ispirato da modelli italiani, sorse negli anni tra il 1851 e il 1864 su disegni di Federico Guglielmo IV e secondo piani dei suoi architetti.

Il monumento a Federico Guglielmo IV davanti all'arco centrale del Portico fu commissionato nel 1873 dalla sua vedova Elisabetta allo scultore Gustav Bläser.

In alto: La Sala di Raffaello, quale centro del Castello dell'Aranciera, venne realizzata secondo il modello della Sala Regia del Vaticano per presentare le copie di opere del maestro rinascimentale Raffaello, raccolte durante una lunga attività di collezionista.

A sinistra: La Madonna Sistina di Raffaello, copia di Friedrich Bury.

rico Guglielmo. Il castello dell'Aranciera è l'unico edificio realizzato nel contesto della strada trionfale concepita da Federico Guglielmo IV. Secondo il progetto, tale strada avrebbe dovuto essere fiancheggiata da una serie di edifici, partendo dal Belvedere sul Klausberg, passando per gli archi dei padiglioni d'angolo e terminare all'Arco di Trionfo realizzato ai piedi del vigneto a est della Galleria delle Pitture. Il re non visse abbastanza per vedere completati i lavori alle terrazze, anch'esse, come la facciata, decorate con numerose sculture prevalentemente contemporanee. Sua moglie Elisabetta fece realizzare da Gustav Bläser un monumento in suo onore, che fu posto al centro del portico.

La Stanza della Malachite fu allestita per la sorella di Federico Guglielmo, la zarina di Russia Alexandra Feodorovna, che occupò la stanza durante la sua visita nel 1859.

Tra i giardini che furono realizzati per l'Aranciera ci sono a sud-ovest il Giardino del Paradiso e ad est il Giardino Nordico, a cui fa da contrappunto il Giardino Siciliano. La terrazza a sud del Viale dei Gelsi fu commissionata nel 1913 dall'imperatore Guglielmo II per il 25 anniversario del suo regno. Grazie a questa e al parterre attiguo, il complesso dell'Aranciera fu annesso al parco di Sanssouci.

Nelle lunghe rimesse laterali svernano ancora oggi centinaia di piante meridionali in vaso.

L'Atrio nel Giardino del Paradiso, eretto da Ludwig Persius intorno al 1845 su schizzi di Federico Guglielmo IV.

Il muro nel Giardino Siciliano, in origine utilizzato per la coltivazione a spalliera di frutta, fu modificato nel 1862 per l'esposizione di statue.

Il Giardino Siciliano fu allestito negli anni tra il 1856 e il 1860 su piani di Peter Josef Lenné.

IL CASTELLO DI LINDSTEDT

Nel 1828 il principe ereditario Federico Guglielmo (IV) acquistò la tenuta di Lindstedt a nord del Palazzo Nuovo, che portava il nome di un precedente proprietario dell'epoca federiciana.

I progetti per la conversione del vecchio edificio in castello provenivano dalla penna di Federico Guglielmo che l'aveva prescelto come dimora per la vecchiaia. L'elaborazione dei piani, su cui lavorarono gli architetti Ludwig Persius, Ludwig Ferdinand Hesse, Friedrich August Stüler, e Ferdinand von Arnim, si prolungò per decenni e giunse finalmente a compimento tra il 1859 e il 1860 ad opera di Hesse. La villa classicistica riunisce diversi elementi architettonici apprezzati dal re. Un lungo colonnato, attiguo all'edificio principale, conferisce un accento orizzontale alla struttura asimmetrica del complesso, mentre una torre rotonda con un belvedere circondato da colonne domina in altezza. Anche un portico e un padiglione a forma di tempio, al quale si arriva attraverso una scala, contribuiscono a dare un impronta anticheggiante e meridionale al piccolo castello. Fu Lenné a modellare il giardino e il terreno intorno. L'edificio non venne poi mai utilizzato per il suo scopo originario, perché il re morì nel 1861. Il castello di Lindstedt, di cui l'arredamento interno non si è conservato, è stato utilizzato sin dalla sua costruzione con i fini più svariati ed è oggi la sede delle riunioni della Fondazione dei Castelli e dei Giardini Prussiani Berlino-Brandeburgo.

Il colonnato unisce armoniosamente l'edificio con il parco.

Il castello di Lindstedt, sorto dalla struttura di un edificio preesistente, venne trasformato in dimora per la vecchiaia di Federico Guglielmo IV. Il re morì però prima del completamento dell'edificio.

IL CASTELLO DI SACROW E LA CHIESA DEL REDENTORE

Poco dopo la sua ascesa al trono nel 1840, Federico Guglielmo IV acquistò a nord della città, sulle sponde dell'Havel, la tenuta di Sacrow con il parco annesso, al fine di arricchire il patrimonio dei parchi di Potsdam. Nello stesso anno il re incaricò il suo architetto Ludwig Persius della progettazione di una chiesa »in stile italiano con un campanile accanto«, per l'estremità sud di quella lingua di terra. Federico Guglielmo stesso fornì gli schizzi per l'edificio sacro. Negli anni tra il 1841 e il 1844 sorse la chiesa del Redentore con un campanile indipendente, in riferimento architettonico alle basiliche paleocristiane, sebbene Persius sostituì le navate minori con un portico che circonda la chiesa. Con la pittoresca chiesa del Redentore che spunta sull'Havel, il paesaggio di laghi e di parchi guadagnò un nuovo punto prospettico di grande attrazione ed effetto. Alla fine del viale principale del parco, in un punto in rilievo, Federico Guglielmo fece costruire accanto alla chiesa una panca romana su modello antico, come punto panoramico sulla sponda dell'Havel. La casa padronale a due piani del 1773 doveva essere allestita, per ordine di Federico Guglielmo IV, come dimora per la vecchiaia del barone Friedrich de la Motte Fouqué, molto ammirato dal re. Il poeta, che era stato chiamato dal sovrano a Berlino nel 1840, aveva vissuto gli anni più felici della sua infanzia a Sacrow. Prima di potervi ritornare, Fouqué morì a Berlino nel 1843. Federico Guglielmo allora carezzò l'idea di trasformare la casa padronale in una fortezza medievale con merli e torri massicce, per erigere

Il lato del giardino della casa padronale di Sacrow, che dopo l'acquisto da parte di Federico Guglielmo IV divenne castello.

un monumento all'adorato mondo incantato di cavalieri, romanticamente trasfigurato nell'opera del poeta. Il progetto per la modifica dell'edificio, formalmente innalzato allo stato di castello, rimase però irrealizzato.

Intorno al 1800 il vecchio giardino tardo-barocco era stato trasformato, a settori, in un primo giardino paesaggistico con dei vialetti serpeggianti a entrambi i lati del Viale dei Castagni. Il piano di modifica di Lenné fu realizzato, a causa dei costi, solo in alcuni punti salienti piantando piccoli boschetti e siepi. Come il parco di Babelsberg e il Giardino Nuovo, anche il Parco di Sacrow subì nel 1961 dei danni nella zona presso la sponda, in seguito alla costruzione del muro di Berlino. Il restauro della chiesa del Redentore che, trovandosi nel bel mezzo del settore di confine era predestinata al degrado, è stato completato nel 1995 dopo dieci anni di lavoro. Dal 1994 si sta riportando il parco, con le sue assi visive, i suoi vialetti storici e la modellatura del terreno al suo stato originale.

La chiesa del Redentore, che si rispecchia pittorescamente nell'Havel, fu costruita dal 1840 al 1844 da Ludwig Persius imitando la struttura di una basilica paleocristiana.

Il Palazzo di Marmo e il Giardino Nuovo

Nell'anno dopo la sua ascesa al trono Federico Guglielmo II, nipote e successore di Federico il Grande, commissionò la costruzione di un castello per l'estate nel Giardino Nuovo, sulla riva dello Heiliger See – il lago Sacro –. Sotto la direzione e su progetto di Carl von Gontard fu costruito un edificio a due piani di forma quasi cubica, con un belvedere sul tetto piatto, che a causa del marmo utilizzato per la decorazione della facciata, fu chiamato Palazzo di Marmo.

Carl Gotthard Langhans, incaricato di allestire gli interni, ideò per il committente, grande amante dell'antichità, una serie di ambienti nello stile del primo Neoclassicismo. La realizzazione dei piani fu affidata ad artisti e artigiani come Heinrich Friedrich Kambly, Constantin Satori, Christian Bernhard Rode e Johann Gottfried Schadow. Le stanze del Palazzo di Marmo furono arredate con mobili di altissima fattura artigianale, sculture e oggetti di artigianato artistico, tra cui numerose ceramiche della manifattura inglese Wegwood. L'architetto Friedrich Wilhelm Freiherr von Erdmannsdorf, proveniente da Anhalt-Dessau, affiancava il committente come consigliere, acquistando in Italia preziosi camini di marmo di Carrara e busti per la decorazione del castello. Le sale, i gabinetti e le camere si raccolgono simmetricamente intorno alla sala centrale della scala. Tra le sale per la corte si trovavano al pian terreno, dalla parte del lago, la Sala della Grotta, utilizzata come sala da

Federico Guglielmo II, di Anton Graff (1789).

pranzo, la Sala dei Concerti e al piano superiore il Gabinetto Orientale. Le stanze private del re, ovvero la Camera della Musica, il Gabinetto di Scrittura con la boiserie, il Guardaroba e la Camera da Letto si trovavano al pianterreno. A poca distanza, sulla sponda sud del lago Sacro, su piani di Langhans e di forme anticheggianti, sorse la Biblioteca Gotica che accoglieva più di 1000 libri e aveva come pen-

Il Palazzo di Marmo in stile del primo Classicismo, di cui il corpo centrale fu costruito tra il 1787 e il 1791 da Carl von Gontard e Carl Gotthard Langhans sulle sponde del lago Sacro, era la residenza estiva e il luogo di soggiorno preferito di Federico Guglielmo II.

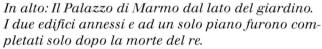

In alto: Il Palazzo di Marmo dal lato del giardino. I due edifici annessi e ad un solo piano furono completati solo dopo la morte del re.

In alto, a destra: Il Vestibolo, strutturato con rigore classicista e illuminato da un lucernario. Un'elegante scala arcuata porta alle stanze del piano superiore.

A destra: La Sala della Grotta, che dà sul lago Sacro ed era decorata con conchiglie di stucco e canne artificiali serviva in estate come stanza da pranzo.

dant architettonico il Tempio Moresco, oggi non più esistente. Anche la cucina si trovava all'esterno, in forma di rovina di un tempio romano che sembra affondare nel lago, accanto al Palazzo di Marmo a cui era collegata da un passaggio sotterraneo. Gli ambienti del Palazzo, che diventò la residenza preferita del re, si dimostrarono presto insufficienti per la corte e così furono aggiunte al castello due ali a un piano, che furono collegate ad esso attraverso due gallerie arcuate che insieme formano un semicerchio, di cui non era ancora ter-

La Sala dei Concerti al piano superiore si estende
per tutto il lato del castello che dà sul lago.

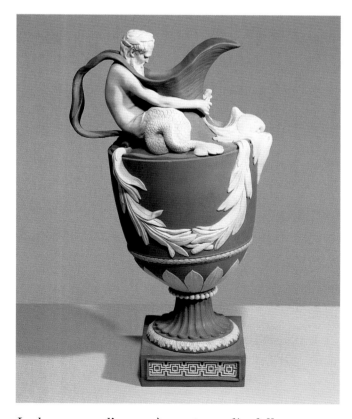

La brocca per l'acqua è una terraglia della
Manifattura inglese di Wegwood.

Il Gabinetto delle Scritture con la boiserie,
dove Federico Guglielmo II morì nel 1797.

Il Gabinetto Orientale, allestito da Langhans come una tenda turca, era uno degli ambienti per la corte del Palazzo di Marmo.

Il tratto della Galleria semicircolare che unisce il corpo centrale con l'ala sud.

minata la struttura grezza quando il reggente nel 1797 morì.

Suo figlio e successore Federico Guglielmo III fece solo ultimare la costruzione esterna, ma non mostrò ulteriore interesse verso il castello del padre, che rimase quindi per più di quarant'anni inutilizzato e incompiuto. Fu Federico Guglielmo IV che fece poi completare la costruzione degli interni secondo i piani del nonno. Il Palazzo di Marmo servì in seguito ai membri della famiglia come residenza saltuaria. Il principe ereditario Guglielmo e sua moglie Cecilia furono gli ultimi abitanti del castello fino a quando non fu pronto nelle vicinanze quello di Cecilienhof. Il Palazzo di Marmo, aperto al pubblico come museo dal 1932, subì durante la Seconda Guerra Mondiale ingenti danni. In seguito fu utilizzato come casinò per gli ufficiali del-

l'Armata Rossa e poi come Museo dell'Esercito della RDT. Ingenti lavori di restauro e ricostruzione sono terminati nel 2004. Sono stati ristrutturati anche i settori del giardino sulla riva del lago, che erano stati distrutti per la costruzione del muro di Berlino.

*La Sala Ovale è una delle stanze dell'ala sud
che furono realizzate solo sotto Federico Guglielmo IV. Venne utilizzata come sala da pranzo
e per la feste.*

La denominazione del Giardino Nuovo segna-
va il distacco dal giardinaggio barocco dell'epoca di
Federico il Grande e dal »vecchio« parco di Sanssouci, che da molto non incontrava più il gusto del
momento. Sotto la direzione del giardiniere di
Wörlitz, Johann August Eyserbeck, Federico Guglielmo II fece realizzare un giardino sentimentale e
paesaggistico con una grande quantità di edifici e
strutture architettoniche. Alcuni vialetti arcuati

*La Kloebersaal è una delle stanze dell'ala nord
che furono realizzate solo sotto Federico
Guglielmo IV. Prende il nome dal pittore August
von Kloeber, che tra il 1845 e il 1847 realizzò
i dipinti murali a tema mitologico.*

In alto: Alcune palme artificiali decorano
le pareti della Sala delle Palme, rivestite di pannelli
di legno della regione. La sala veniva utilizzata
in estate per concerti.

In alto, a sinistra: Dietro la forma di una rovina
romana artificiale si nascondono gli ambienti della
cucina, collegati al castello attraverso un passaggio
sotterraneo.

A sinistra: Una sfinge decora il Portale Egizio
in stile classicistico dell'Aranciera.

permettono di visitare il giardino, di struttura asimmetrica, in apparenza naturale e inviolato grazie a diversi punti di vegetazione irregolari e non potati. Le sensazioni del visitatore venivano risvegliate da piccole architetture, sculture, e lapidi commemorative, distribuite in alcune piccole zone del parco, separate le une dalle altre come una serie di quadri. Tra le costruzioni sorte vi sono, oltre ad una piramide che fungeva da ingresso per una cella da ghiaccio, un'aranciera, decorata anch'essa con motivi egizi e ospitante una sala per le palme riccamente allestita, che in estate veniva utilizzata per concerti, una fattoria per la latteria gestita nel parco e una grotta di conchiglie vicino al lago. Nello Stabilimento Olandese all'entrata del giardino venivano alloggiati la servitù e i cavalieri. Gli edifici già esistenti, come la Casa Rossa o la Casa Verde, furono integrati nella struttura del parco, che veniva continuamente ampliata con l'acquisto di nuovi appezzamenti di terreno. Peter Joseph Lenné rielaborò il piano del giardino eliminando i piccoli settori in favore delle grandi superfici, tipiche del giardino paesaggistico inglese, trasformandolo in un elemento centrale del paesaggio di parchi di Potsdam grazie alla realizzazione di assi visive verso i parchi e gli spazi paesaggistici intorno, come l'Isola dei Pavoni, Sacrow, Glienicke e Babelsberg.

A destra: La Biblioteca Gotica, costruita da Langhans all'estremità meridionale del Giardino Nuovo, fungeva da torre panoramica e ospitava su due piani la collezione di libri del re.

In basso: La Piramide, non distante dal Palazzo di Marmo, era l'accesso ad una cella per il ghiaccio.

IL BELVEDERE SUL PFINGSTBERG, E IL TEMPIO DI POMONA

Le torri del Belvedere, ben visibili da lontano, ad ovest del Giardino Nuovo sull'altura del Pfingstberg – il Monte della Pentecoste –, caratterizzano il punto panoramico più alto di Potsdam e formano in sè un suggestivo point de vue. Come per tanti altri edifici, i progetti maturarono nel corso di anni e sono opera del committente stesso Federico Guglielmo IV. Anche in questo caso il re prese a modello edifici del Rinascimento italiano, come per esempio il Casino Caprarola a nord di Roma. Del progetto del Belvedere, inizialmente concepito come ampio castello panoramico, venne realizzato solo un frammento. Gli architetti Persius, Hesse e Stüler costruirono negli anni tra il 1847 e il 1852 la monumentale parte frontale con le due torri e le mura di cinta ai lati, dotate di arcate sovrastanti. I diversi edifici nascondevano nel cortile interno un bacino d'acqua per le cascate e le fontane, progettate per il complesso del Monte della Pentecoste. La scenografica architettura accoglieva solamente due ambienti nei basamenti delle torri, il Gabinetto Romano e quello Moresco, riccamente decorati e utilizzati come sale da tè collegate da un arcata. Mentre i lavori al Belvedere restavano fermi per dieci anni, sorgeva nel parco di Sanssouci il castello dell'Aranciera. La malattia di Federico Guglielmo IV e la sua morte nel 1861 impedirono poi il completamento del Belvedere. Il previsto Casino, che doveva dare vita a un secondo cortile interno, non fu più realizzato così come gli impianti delle terrazze, delle scale e dei giardini che avrebbero dovuto collegare il Belvedere con il

Giardino Nuovo. Nel 1863, con la costruzione di un atrio, Stüler portò a conclusione i lavori al Belvedere sul Monte della Pentecoste. L'allestimento dell'area circostante fu affidato a Peter Joseph Lenné, che dal 1862 realizzò un giardino paesaggistico classico nel quale furono integrati gli edifici già esistenti. Tra questi c'era il Tempio di Pomona, costruito negli anni 1800–1801, considerato la prima opera di Karl Friedrich Schinkel. Il piccolo padiglione ai piedi del Belvedere era stato commissionato dal precedente proprietario dell'area, al tempo utilizzato come vigna. Schinkel realizzò un edificio cubico a forma di tempio con un portico. La piattaforma panoramica, alla quale si accedeva grazie ad una scala a chiocciola sul retro dell'edificio, era sovrastata da una marquise. Il Belvedere ed il Tempio di Pomona furono chiusi a causa della vicinanza al muro di Berlino e lasciati in preda al degrado. La ricostruzione del Tempio di Pomona fu completata nel 1993; quella del Belvedere nel 2005.

Il maestoso complesso con le due torri del Belvedere sul Monte della Pentecoste, realizzato sotto Federico Guglielmo IV tra il 1847 e il 1863, fa da corona alla maggiore altura di Potsdam.

Nell'800, il diciannovenne Karl Friedrich Schinkel realizzò come sua prima opera il Tempio di Pomona.

Il Castello di Cecilienhof

Il castello di Cecilienhof, in asse visiva col Palazzo di Marmo nella zona settentrionale del Giardino Nuovo, è l'ultimo dei castelli degli Hohenzollern ed era stato costruito su piani dell'architetto Paul Schulze-Naumburg dai Cantieri Saaleck, tra il 1914 e il 1917, come residenza stabile del primogenito dell'imperatore Guglielmo II, il principe ereditario Guglielmo, e di sua moglie Cecilia del Meclemburgo-Schwerin, dalla quale il nuovo castello prese il nome. La grande costruzione in mattoni, con l'intelaiatura a reticolo a vista, e con i diversi padiglioni che si raggruppano intorno a diversi cortili, segue lo stile delle case di campagna inglesi inserendosi armoniosamente nel paesaggio. Il pianterreno del corpo centrale, davanti al quale si apre un cortile d'onore, accoglie le stanze di rappresentanza, in cui la sobria architettura d'interni storicizzante unisce eleganza e comfort, portando lo stile rustico al suo culmine artistico. La stanza centrale era il Salone rivestito di legno, alto l'equivalente di due piani, da cui attraverso una scala si raggiungono al piano superiore le camere private della coppia. Dopo l'abdicazione dell'imperatore Guglielmo II, la proprietà del castello passò allo stato. La famiglia del principe ereditario ottenne comunque un diritto di residenza a vita, che utilizzò fino alla fine della Seconda Guerra Mondiale. Il Cecilienhof acquisì importanza storica mondiale in quanto sede della Conferenza di Potsdam. Dal 17 luglio al 2 di agosto del 1945, le potenze vincitrici della Seconda Guerra Mondiale discussero qui il destino della

Il castello di Cecilienhof fu costruito negli anni della Prima Guerra Mondiale, dal 1914 al 1917, dall'architetto Paul Schulze Naumburg in stile inglese delle case di campagna quale residenza stabile del principe ereditario Guglielmo.

La stella rossa nel cortile interno fu realizzata con gerani piantati in occasione della Conferenza di Potsdam, organizzata da parte sovietica.

Germania, dato che nella Berlino distrutta dalla guerra non c'era nessuna sede appropriata a disposizione. I partecipanti alla Conferenza erano i fondatori della Coalizione Anti-Hitleriana: il capo di stato e di partito sovietico Josef W. Stalin, il primo ministro britannico Winston S. Churchill ed il presidente americano Harry S. Truman, successore di Franklin D. Roosevelt. Churchill fu sostituito, dopo la sua sconfitta alle elezioni durante i giorni della Conferenza, da Clement Richard Attley. La

Tra le stanze della principessa Cecilia c'era un piccolo gabinetto allestito come la cabina di una nave.

Pagina 124: Il Salone fu dal 17 luglio al 2 di agosto del 1945 il luogo di discussione della Conferenza di Potsdam.

Conferenza, che era stata organizzata dai sovietici e che ebbe come esito l'Accordo di Potsdam, si svolse nel grande Salone, dove fu collocato un tavolo fabbricato in Russia per l'occasione. Le stanze della famiglia del principe ereditario furono allestite come gabinetti da lavoro per le delegazioni con mobili provenienti da diversi castelli di Potsdam. Per alloggiare le delegazioni furono approntate numerose ville confiscate nel quartiere di Neo-Babelsberg. Le stanze della Conferenza al pianterreno sono adibite dal 1952 a museo storico della Conferenza di Potsdam.

Winston S. Churchill, Josef W. Stalin e Harry S. Truman durante le consultazioni nel castello di Cecilienhof.

Il Castello e il Parco di Babelsberg

Il castello di Babelsberg, situato suggestivamente sul pendio a monte dell'Havel, fu per oltre cinquant'anni la residenza estiva del principe, futuro re prussiano e imperatore tedesco Guglielmo I. Il castello fu costruito in due fasi negli anni tra il 1834 ed il 1849. I piani, improntati sui gusti del committente e di sua moglie Augusta di Sassonia-Weimar, venivano dalla penna di Karl Friedrich Schinkel. In principio a causa dei costi fu realizzato solo il tratto orientale del progetto complessivo: tra il 1834 e il 1835 sorse, sotto la direzione di Ludwig Persius, un cottage in stile Neogotico inglese di modesta grandezza e di proporzioni equilibrate. Una pergola a due piani annessa alla parte est della costruzione collegava il parco all'edificio, che aveva al centro una sala da pranzo ottagonale, usata poi come sala da tè. La mancanza di figli di Federico Guglielmo IV portò nel 1840 all'ascesa di suo fratello Guglielmo al rango di successore. Una migliore condizione economica e un maggiore bisogno di rappresentanza condussero a progettare un ampliamento del castello di Babelsberg, che andò molto al di là dei piani originali. A Ludwig Persius spettò il compito di mediare tra i progetti del defunto Schinkel e le nuove necessità del committente. L'architetto Johann Heinrich Strack, nuovo responsabile dopo la morte di Persius nel 1845, completò la costruzione dell'ala ovest, che supera in altezza e domina chiaramente il vecchio edificio di Schinkel.

Il sontuoso castello orlato di merli, in stile romantico delle fortezze con torrioni e dotato di una facciata irregolare e mossa, strutturata da contraf-

L'imperatore Guglielmo I, di Paul Bülow (1883).

forti, altane, bow-windows e ornamentazione gotica, produce un forte contrasto con il complesso del castello del fratello Carlo, di carattere prettamente meridionale, situato vis-à-vis sul lato di Glienicke.

Anche gli ambienti interni del castello furono allestiti sotto la direzione di Strack in stile Neogotico e con mobilia storicizzante. Al centro del castel-

Il castello di Babelsberg, situato suggestivamente nel boscoso paesaggio, fu per più di cinquant'anni la residenza preferita di Guglielmo I.

Per le decorazioni della volta, con le foglie e i putti musicanti, Strack si fece ispirare dai manoscritti medievali.

lo si trova l'imponente ottagono della Sala da Ballo neogotica con un matroneo, la volta a nervature con struttura a stella e un'ornamentazione pittorica d'ispirazione medievale. Tra le stanze di rappresentanza della Nuova Ala, oltre alla Sala da Ballo, si trova la Sala da Pranzo in stile Tudor che si estende in altezza per due piani. La realizzazione del parco, nello stile inglese dei giardini paesaggistici, fu affidata nel 1833 a Peter Joseph Lenné, il quale ideò una rete di vialetti che sfruttava il fascino naturale del terreno diseguale collegando tra loro le alture del parco.

A causa dell'aridità del terreno, all'epoca perlopiù povero d'alberi, la piantata non ebbe grande successo. Lenné fu sostituito per volere di Augusta dal principe Hermann von Pückler-Muskau. Il rea-

lizzatore dei giardini di Bad Muskau e di Branitz ebbe molta più libertà d'azione e cominciò assicurando l'approvigionamento idrico del parco. La Casa delle Macchine a vapore presso il Glienicker Lake, costruita su piani di Persius dal 1843 al 1845 in stile delle fortezze normanne, permetteva di innaffiare il parco, di rifornire i bacini, i laghi artificiali, le cascate e le fontane. Pückler rimodellò ed estese la rete, di vialetti di Lenné con sentieri stretti che passavano per zone del parco variamente allestite e offrivano, grazie alle assi visive e punti prospettici su alcune alture, una grande quantità di vedute della silhouette della città e del paesaggio dell'Havel. L'artista giardiniere realizzò sulle terrazze del castello alcune composizioni di fiori e modificò il pleasureground allestito dal suo predecessore, il settore del giardino più vicino al castello, con una rimodellatura del terreno e una serie di aiuole floreali, che sembrano disposte casualmente. Il paesaggio architettonico fu arricchito in determinati punti strategici da una serie di edifici di carattere medievale. Il Piccolo Castello sulle sponde dell'Havel, una vecchia casa da giardino trasformata in stile Tudor dal 1841 al 1842, servì da abitazione per il principe ereditario Federico Guglielmo, il futuro imperatore Federico III, e poi come alloggio per le dame di corte e per gli ospiti. La Torre Flatow, costruita da Strack tra il 1853 e il 1856 su modello della Torre di Eschenheim della porta di Francoforte sul Meno, era in qualità di dimora e belvedere, il ritiro di Guglielmo. La Casa dei Marinai, per cui lo stesso architetto ideò un frontone simile a quello del Municipio di Stendal, ospitava i marinai responsabili per le barche del re. Dal 1871 al 1872 Strack ricavò da alcuni resti di un edificio del XIII secolo, abbattuto poco prima a Berlino, il Portico del Tribunale sull'Altura di Lenné.

Dopo la morte dell'imperatore Guglielmo I nel 1888, il castello fu abbandonato. Dal 1927 in mano all'amministrazione statale, fu utilizzato dopo la Seconda Guerra Mondiale come sede di diverse istituzioni, ragion per cui le stanze furono spesso modificate in base alla loro funzione.

Dal 1990 gli spazi del castello vengono restaurati per un utilizzo museale. Il parco, trascurato nel

L'ottagono della Sala da Ballo, che crea il collegamento tra la vecchia ala orientale di Schinkel e la nuova ala occidentale.

Il Salone da Tè ottagonale, realizzato da Schinkel, si trova nel punto di convergenza di numerose assi visive del parco. Prima dell'ampliamento del castello era la Sala da Pranzo e fece da modello per la pianta della Sala da Ballo.

Da una vecchia casa da giardino fu ricavato, su spunti di Augusta, il Piccolo Castello in stile Gotico Tudor. Servì come abitazione del principe ereditario Federico Guglielmo e dopo come alloggio per le dame di corte e gli ospiti.

corso degli anni, viene curato dal 1960 come giardino storico e monumentale. Le sponde del fiume sono state riportate al loro stato originale, che era stato deturpato in diversi punti dal Muro di Berlino.

Pagina 130, in alto a sinistra: La Casa dei Marinai ospitava i marinai responsabili per le barche del re. Il frontone del 1868 riprende lo stile del Municipio medievale di Stendal.

Pagina 130, in alto a destra: La Torre panoramica Flatow che fa da pendant al Belvedere, situato vis-à-vis sul Monte della Pentecoste, segue il modello architettonico della Torre della Porta di Eschenheim di Francoforte sul Meno.

Veduta dell'ala occidentale del castello dal Pleasure-ground allestito dal principe Hermann von Pückler-Muskau.

Il Portico del Tribunale sulla Collina di Lenné fu ricavato da alcuni resti del vecchio Municipio Berlinese, abbattuto nel 1860.

CASTELLI E GIARDINI REALI NELLA MARCA BRANDEBURGO

Federico I incaricò intorno al 1700 l'architetto francese Jean Baptiste Broebes, un ugonotto rifugiatosi a Berlino, di disegnare e incidere su rame tutti i castelli dentro e intorno alla città residenziale. Con questo sontuoso album di vedute architettoniche il nuovo e primo re prussiano voleva partecipare alla competizione per il prestigio e lo splendore alle corti europee. L'opera fu pubblicata solo nel 1733 e conteneva, oltre alle tavole dei grandi castelli di Berlino, Potsdam e Königsberg, anche quelle delle numerose dimore più piccole che erano sorte nelle vicinanze di Berlino. I re o i membri delle loro famiglie li utilizzavano per diversi scopi, per esempio come residenze estive o per la caccia. Nel corso dei secoli sia il numero che lo stato dei castelli degli Hohenzollern mutò nelle varie regioni prussiane: venivano comprati, venduti, trasformati e si edificavano nuovi castelli mentre altri erano vuoti o venivano utilizzati come manifatture. È particolare la loro concentrazione nella marca Brandeburgo, nei dintorni delle due residenze più importanti Berlino e Potsdam, come anche il loro alto valore artistico e architettonico.

In Prussia la nobiltà era legata al re, diversamente da altri stati o corti, come la Francia o l'Inghilterra, soprattutto attraverso l'esercito o l'amministrazione. Le famiglie aristocratiche, a volte residenti in Brandeburgo da molto prima degli Hohenzollern, possedevano centinaia di castelli e dimore in campagna. Solo poche però potevano reggere il confronto con la grandezza e l'importanza di quelle reali. La fine della monarchia in Germania nel 1918 e l'espropriazione delle famiglie nobili nella zona di occupazione sovietica dopo il 1945 hanno cancellato questa ricca cultura nobiliare ad est dell'Elba. Malgrado le perdite del periodo della guerra e del dopoguerra, si sono conservati in diversi luoghi almeno i castelli, che sono stati utilizzati per i fini più diversi e a volte deturpati. Dell'allestimento non è rimasto però niente o molto poco. La riunificazione tedesca ha aperto nuove prospettive per molti di questi castelli e dimore signorili.

In questo contesto l'odierna Fondazione dei Castelli e dei Giardini Prussiani Berlino-Brandeburgo ha ottenuto dal 1990 la tutela di sei castelli della marca Brandeburgo e dei relativi giardini che si erano conservati nel paesaggio residenziale dei re prussiani intorno a Berlino: Rheinsberg, Oranienburg, Caputh, Königs Wusterhausen, Sacrow e Paretz. Nonostante numerose trasformazioni a causa dei diversi usi, parti significative degli edifici e dei giardini erano ancora presenti. Alcuni pezzi dell'inventario, siano essi mobili, dipinti o parati si trovavano in diversi castelli o in depositi e altri sono stati ritrovati o ricomprati.

Dopo intense ricerche e grazie anche ad alcune circostanze fortunate questi castelli, a parte Sacrow, sono ormai risanati e restaurati. Hanno di nuovo l'allestimento storico, almeno per quanto è stato possibile ricrearlo, e sono aperti al pubblico come castelli museali. Anche se i lavori non sono conclusi ovunque, proprio questi castelli nella marca documentano le varie epoche artistiche, i vari coinvolgimenti dei re prussiani a livello internazionale e i mutamenti dei rapporti politici dal XVII fino al tardo XX secolo.

IL CASTELLO DI ORANIENBURG

Il castello di Oranienburg è il castello barocco più vecchio rimasto in Brandeburgo. Nel 1650 il »Grande elettore« Federico Guglielmo trasferì la proprietà del distretto di Bötzow alla sua prima moglie Luisa Enrichetta di Nassau-Orange, la quale negli anni tra il 1651 ed il 1655 vi fece costruire, sotto la direzione di Johann Gregor Memhardt, che aveva assolto i suoi studi in Olanda, un castello secondo il modello del Classicismo olandese utilizzando le mura di una vecchia casa di campagna. Ancor prima che l'edificio fosse ultimato, l'elettore dette al castello, in onore di sua moglie, il nome di Oranienburg. Poco dopo anche la città adottò questo nome.

Il figlio di Luisa Enrichetta, l'elettore Federico III e futuro re Federico I, fece modificare il castello negli anni tra il 1689 ed il 1711, sotto la direzione di Johann Arnold Nering e Johann Friedrich Eosander, ampliandolo notevolmente con la costruzione di nuove ali e padiglioni. Trasformando la struttura di carattere olandese della dimora di campagna della madre creò un maestoso castello con influenze dall'architettura barocca francese e italiana. Con la morte di Federico I nel 1713 iniziò il lento decadimento del castello di Oranienburg. Come residenza di campagna del principe Augusto Guglielmo, fratello di Federico II, che glielo aveva messo a disposizione a vita, il castello rivisse un breve, ultimo momento di rivalutazione. Il principe lo utilizzò come residenza dal 1744 fino alla sua prematura morte nel 1758 facendo ridecorare le stanze barocche del castello in stile Rococò, attuale all'epoca.

Il Castello di Oranienburg, il castello barocco più vecchio del Brandeburgo fu costruito per la principessa dell'Elettorato Luisa Enrichetta del Brandeburgo negli anni tra il 1651 e il 1655.

L'elettore Federico Guglielmo del Brandeburgo con la prima moglie Luisa Enrichetta di Nassau-Orange, di Pieter Nason.

L'etagère con le porcellane cinesi può dare l'idea della fastosità della Camera delle Porcellane, allestita tra il 1695 ed il 1697.

Pagina 137: Il soffitto di stucco della Camera delle Porcellane. Il dipinto di Augustin Terwesten del 1697 è un'allegoria dell'introduzione della porcellana in Europa.

La principessa ereditaria Luisa ricevette in regalo il castello nel 1794 da suo suocero Federico Guglielmo II, ma lo utilizzò raramente per brevi soggiorni. Nel 1802 il castello, ormai abbandonato, fu privato della sua funzione dall'ufficio del maresciallo di corte e, nel XIX e nel XX secolo, venne utilizzato con diverse funzioni. Accolse nell'ordine una manifattura di lana e una fabbrica di prodotti chimici, che causò due terribili incendi; servì poi come seminario per insegnanti, scuola di polizia e ripetutamente come caserma. Durante la Seconda Guerra Mondiale il castello fu gravemente danneg-

giato. I lavori di ricostruzione iniziati nel 1948 si limitarono alla struttura esterna del castello.

Negli anni tra il 1997 ed il 1999 l'edificio è stato risanato e restaurato. L'amministrazione della città di Oranienburg e un museo distrettuale utilizzano oggi gran parte dello spazio del castello. Negli ambienti dell'ala nord-ovest e del corpo centrale, di cui è stata ricostruita la struttura, è allestito un museo del castello.

IL CASTELLO DI CAPUTH

Il piccolo castello barocco di Caputh è l'unico rimasto dell'epoca del »Grande elettore« nel paesaggio culturale di Potsdam. Già la principessa del-
l'Elettorato Caterina si era fatta edificare nel 1594,
subito dopo l'acquisto del villaggio di Caputh, una
dimora di campagna, che durante la Guerra dei
Trent'Anni fu distrutta. Il »Grande elettore« Federico Guglielmo regalò la tenuta nel 1662 al suo responsabile dei palazzi e dei giardini, Philipp de
Chieze, che costruì sulle fondamenta dell'edificio
precedente una semplice casa di campagna.

Nel 1671 l'elettore ricevette indietro la tenuta
di Caputh e ne passò la proprietà alla sua seconda
moglie Dorotea, che la fece ampliare e trasformare
in una residenza estiva principesca. Alla parte sud
dell'edificio furono annessi due padiglioni quadra-
ti; nella parte nord, che dà sull'Havel, fu costruita
una scala che portava alle stanze dei principi al
piano superiore. Con il Salone delle Feste e gli appartamenti per i principi sorsero fastosi interni con
preziose stoffe e mobili, con stuccature dorate e
pitture allegoriche ai soffitti, con sculture di marmo e porcellane. Numerosi quadri ricoprivano fittamente le pareti. Secondo la tradizione barocca, il
giardino del castello fu allestito simmetricamente
in due parti fino alla sponda dell'Havel. L'elettore
Federico III, figlio e successore del »Grande elettore«, regalò Caputh alla sua seconda moglie Sofia
Carlotta, la quale però si fece costruire una nuova
residenza alle porte di Berlino, che divenne la sua
preferita: il castello di Lietzenburg.

Caputh diventò così il luogo di soggiorno fa-
vorito dall'elettore, che fece ancora trasformare il

*La principessa dell'Elettorato Dorotea riuscì a tras-
formare la residenza estiva di Caputh da una casa
di campagna ad un gioiello del gusto e dello stile
d'arredamento signorile.*

L'elettore Guglielmo del Brande-   *La principessa dell'Elettorato*
burgo, di Jacques Vaillant   *Dorotea del Brandeburgo,*
(circa 1680).   *di Jacques Vaillant (circa 1680).*

complesso e nel 1709, ormai divenuto re, ne fece
una delle sedi del famoso »Incontro dei tre re« a cui
presero parte, oltre a lui, Augusto il Forte, re di
Polonia ed elettore della Sassonia e il re danese
Federico IV.

L'era dello splendore di Caputh finì nel 1713
con la morte di Federico I. Suo figlio, il »re Sergente« Federico Guglielmo I, utilizzò Caputh solo per
brevi soggiorni di caccia e arricchì il castello intorno al 1720 del Salone delle Piastrelle, completamente rivestito di piastrelle di faentina olandesi,
decorate con motivi blu su fondo bianco. I re prussiani che seguirono non mostrarono molto interesse per il castello di Caputh, che nel 1820 venne
dato in gestione e in seguito venduto alla famiglia
von Thümen. Poco più tardi furono loro ad incari-
care Peter Joseph Lenné di trasformare il giardino

Il castello di Caputh dal lato sud. Grazie all'aggiunta di due padiglioni d'angolo di pianta quadrata sorse un cortile d'onore.

Il sontuoso Salone delle Feste, decorato con stuccature dorate e con un dipinto sul soffitto è il cuore del piccolo castello.

Nel 1720, Federico Guglielmo I fece realizzare il Salone delle Piastrelle ricoprendo completamente le pareti della Sala da Pranzo estiva con piastrelle di faentina olandesi.

in un parco paesaggistico, che l'architetto di giardini collegò con il resto dei parchi di Potsdam attraverso un sentiero sulla sponda del fiume.

Dopo ingenti lavori di restauro il castello è stato riaperto al pubblico, nel 1998, come testimonianza dell'architettura brandeburgo-prussiana e del gusto dell'arredamento alla corte della seconda metà del XVII secolo.

Motivi di bambini che giocano e vedute di città decorano le piastrelle olandesi del Salone delle Piastrelle.

IL CASTELLO DI KÖNIGS WUSTERHAUSEN

Il castello di Königs Wusterhausen è stato ricavato da una fortezza medievale presso un guado del fiume Notte, menzionata per la prima volta nel 1320, che è stata nel corso dei secoli in possesso di diverse famiglie nobiliari della Marca. Alcune modifiche e integrazioni architettoniche alla fine del XVI secolo hanno dato all'edificio, ben fortificato e circondato da un fossato, il suo aspetto attuale. Il distretto Wusterhausen divenne proprietà degli Hohenzollern grazie al principe ereditario dell'Elettorato Federico, il futuro Federico I, che lo acquistò nel 1683 e lo fece rinnovare, modificandolo in diversi punti. Dal 1696 fece allestire all'architetto di giardini Simeon Godeau, che aveva realizzato il giardino di Charlottenburg, un parco di struttura barocca.

Nel 1698, l'elettore passò la proprietà del castello al figlio decenne Federico Guglielmo, il futuro »re Sergente« Federico Guglielmo I, con il quale viene ancor oggi associato. Dopo la sua ascesa al trono nel 1713 il reggente fece ampliare l'edificio con due padiglioni per i cavalieri. Federico Guglielmo I trascorreva ogni anno, in compagnia di sua moglie Sofia Dorotea e dei suoi dieci figli, le settimane da agosto a novembre nel castello di Königs Wusterhausen, che diventò ben presto la sua residenza preferita. Il re trascorreva i soggiorni andando a caccia, attività di cui era appassionato, o con i famosi »Collegi del Tabacco« serali, che si tenevano quotidianamente al castello. Federico Guglielmo I aborriva ogni fasto della vita di corte, intratteneva un regime molto parsimonioso e viveva in

Il castello di König Wusterhausen è strettamente legato alla persona del »re Sergente« Federico Guglielmo I, il quale vi si trasferiva ogni anno per diversi mesi.

Federico Guglielmo I, di Antoine Pesne (circa 1733).

maniera quasi borghese. Conseguentemente modesto era anche l'allestimento degli ambienti del castello, che avevano solo una mano di calce alle pareti ed una mobilia funzionale. Trofei e dipinti di scene di caccia decoravano le pareti; numerosi ritratti di ufficiali testimoniavano la passione del re

Il »Collegio del Tabacco«. Il salone era il luogo degli incontri serali del »re Sergente«, ai quali prendevano parte soprattutto ufficiali e messi di corte. In questi circoli di soli uomini venivano discusse questioni di stato e temi come politica, morale o religione, consumando abbondante birra e l'obbligatorio tabacco.

Il Collegio del Tabacco nel castello di Königs Wusterhausen. Attribuito a Georg Lisiewski (circa 1737)

Il Salone in stile rustico è l'ambiente più rappresentativo e più grande del castello.

per l'esercito. Dopo la morte di Federico Guglielmo I nel 1740, il castello ed il parco furono abbandonati.

Il castello fu riscoperto nel 1855 da Federico Guglielmo IV. I lavori di rinnovo da lui avviati furono poi portati a termine da Guglielmo I, suo fratello e successore. La tradizione della caccia a Königs-Wusterhausen venne riscoperta ancora una volta dal 1863, in ricordo di Federico Guglielmo I per poi esaurirsi nel 1913, con l'ultimo soggiorno dell'imperatore Guglielmo II. Dopo la fine della monarchia nel 1927 il castello venne riaperto come museo dall'amministrazione prussiana.

Danneggiato durante la Seconda Guerra Mondiale, fu poi utilizzato per decenni da diverse istituzioni civili e militari. Con il completamento dei lavori di ricostruzione nel 2000, l'edificio è stato riaperto al pubblico. Anche il parco è stato riavvicinato, nelle parti rimaste, al suo aspetto originale.

Il Castello di Rheinsberg

Il pittoresco Castello di Rheinsberg, situato sulle sponde del lago di Grienick, era la residenza del principe ereditario Federico, il futuro re prussiano Federico il Grande. Nel 1734 il »re Sergente« Federico Guglielmo I acquistò la vecchia dimora nobiliare nella Marca per suo figlio ed incaricò il responsabile all'edilizia del principato di Brandeburgo, Johann Gottfried Kemmeter, di modificare ed ampliare il piccolo edificio rinascimentale. Sopra l'ala del castello fu aggiunto un piano per ospitare l'appartamento del principe ereditario e al posto di un vecchio portale fu costruito il corpo centrale. Dopo il matrimonio di Federico con Elisabetta Cristina di Braunschweig-Bevern nel 1736, la coppia di principi si trasferì a Rheinsberg. Con la costruzione sia dell'ala della torre nord che di un colonnato di congiunzione, l'architetto Georg Wenzeslaus von Knobelsdorff realizzò dal 1737 il progetto di un complesso a tre ali, fornendo anche i piani per l'allestimento degli interni. Federico sviluppò in collaborazione con artisti come Knobelsdorff, Glume e Pesne il concetto spaziale del Rococò federiciano che, nelle sue prime forme, fu realizzato esemplarmente nella Sala degli Specchi, raggiungendo più tardi con gli interni del Sanssouci la sua massima fioritura.

Nelle mani di Knobelsdorff, esperto in diverse discipline, c'era anche l'allestimento del parco, che sorse con una struttura geometrica sull'isola del castello, con la duplice funzione di orto e giardino

A Rheinsberg Federico II trascorse, secondo quanto diceva, gli anni più belli della sua vita. Dopo la sua ascesa al trono, passò la proprietà della sua vecchia residenza al fratello, il principe Enrico di Prussia, che curò ed abitò il castello per cinquant'anni.

Il principe Enrico di Prussia, di Anton Graff (circa 1784–89).

e, un po' più a sud, con la struttura simmetrica dovuta allo stile del giardino alla francese.

A Rheinsberg Federico riunì un cenacolo d'intellettuali per nutrire i suoi interessi filosofici, letterari e artistici: oltre agli svaghi tipici del suo rango s'interessava di storia, politica, delle opere di autori antichi e francesi. Qui scrisse il suo famoso »Antimachiavelli«, in cui contraddiceva le idee del pensatore italiano sulla conservazione senza scru-

La Sala degli Specchi, realizzata da Knobelsdorff e decorata con un grande dipinto al soffitto di Antoine Pesne, si è mantenuta nelle sue forme federiciane.

poli del potere, esaltando invece la figura del monarca illuminato quale servitore del suo stato.

A Rheinsberg Federico iniziò la sua corrispondenza con il filosofo francese Voltaire. La musica aveva un ruolo importante nella vita del castello. L'orchestra di corte, per cui Federico chiamò a Rheinsberg grandi solisti, era molto famosa.

Federico succedette al padre nel 1740. Con la Nuova Ala del castello di Charlottenburg si era costruito una nuova dimora, prima di scegliere come residenza preferita, qualche anno più tardi, il castello di Sanssouci. Nel 1744 il re passò la proprietà del castello al fratello Enrico, che vi si trasferì nel 1753, dopo il matrimonio con la principessa Gu-

Pagina 149, in alto: Enrico fece allestire le Camere da Letto di rappresentanza, in stile del primo Classicismo, al posto della sua vecchia Biblioteca e della Stanza Cinese.

Pagina 149, in basso: Sulla superficie di quattro precedenti stanze, il principe Enrico fece realizzare, su progetti di Langhans, la Grotta delle Conchiglie, che riunisce elementi decorativi dello stile Rococò e del primo Classicismo.

La Camera Lunga, realizzata in stile del primo Classicismo, sorse dall'ampliamento delle Camere Dorate del principe ereditario, di cui rimase la pannellatura alle pareti.

Nel Gabinetto Circolare della torre si trovava la Biblioteca del principe ereditario Federico, il quale una volta re scelse la stessa forma per la sua biblioteca nel castello di Sanssouci.

glielmina di Assia-Kassel, dimorandovi per quasi cinquant'anni fino alla morte. Il principe Enrico lasciò intatta la struttura esterna, ma trasformò ampliamente gli interni. Solo cinque stanze furono lasciate nel loro stile federiciano originale, tra cui la Sala degli Specchi, utilizzata anche come sala dei concerti, che Pesne aveva decorato con una grande pittura al soffitto. Gli ambienti, come l'Appartamento della principessa Guglielmina o la Sala delle Conchiglie, che dal 1766 furono nuovamente decorati su progetti dell'architetto Carl Gotthart Langhans, segnano grazie alla loro decorazione nello

stile del tardo Rococò il momento di transizione al primo Classicismo. Il castello subì le ultime modifiche dal 1785: fu molto ampliato con l'aggiunta, sul lato che dà sulla città, dei due padiglioni d'angolo di Georg Friedrich Boumann il G. ed in più Enrico fece realizzare la Camera Lunga, le Camere da Letto di rappresentanza e la Biblioteca come capolavori d'interni del primo Classicismo.

Come il re suo fratello, con cui aveva in comune molte facoltà e passioni, Enrico amava l'arte e la cultura francese. Continuò la tradizione del cenacolo culturale e nel 1744 fece costruire, nell'ala occidentale della Casa dei Domestici costruita in precedenza da Knobelsdorff, un nuovo teatro per il castello con l'interno in stile del primo Classicismo. Grazie al virtuoso talento dei musicisti e degli attori, perlopiù di origini francesi, il teatro in cui diverse sere la settimana si svolgevano rappresentazioni, godeva di una fama che arrivava a Berlino e ben oltre.

L'Obelisco, che si trova di fronte al castello sul lato opposto del lago, sull'Altura delle Terrazze, fu eretto nel 1791 in onore del fratello di Enrico, Augusto Guglielmo e per commemorare gli eroi della Guerra dei Sette Anni.

La Camera con il soffitto a volta fu decorata da Friedrich Reclam nel 1771 come una Stanza delle antichità.

Enrico fece costruire nel 1753 la Grotta delle Rocce sulla sponda del lago come nuovo elemento architettonico per il giardino.

Così come gli interni documentano il passaggio dal primo Rococò federiciano al primo Classicismo, anche il giardino testimonia il gusto cangiante di un'epoca. La trasformazione della struttura simmetrica del giardino rococò, voluta da Enrico, culminò alla fine del secolo nella creazione di un primo giardino paesaggistico. Il principe arricchì il parco con una grande quantità di costruzioni, di cui alcune sono rimaste, tra cui una grotta ed un obelisco sull'Altura delle Terrazze. Come sua ultima dimora, Enrico si fece costruire una piramide con una cripta.

Con la morte del principe Enrico nel 1802, l'era dello splendore di Rheinsberg finì. Fino al 1945 il castello, aperto al pubblico da quasi un secolo, rimase di proprietà degli Hohenzollern. Dal 1950 fu utilizzato insieme agli edifici minori come sanatorio. Dal 1991 il castello di Rheinsberg, di cui è ancora in corso il restauro, è riaperto al pubblico.

Statua della dea romana Pomona al portale d'ingresso del castello.

Veduta aerea del castello di Rheinsberg con il parterre barocco del giardino.

Seguendo il modello francese Enrico decorò l'isola del castello con una serie di statue di marmo e con cesti di legno per fiori. Sullo sfondo l'Obelisco.

Il Castello di Paretz

Il castello di Paretz fu ricavato dall'architetto David Gilly nel 1797 sulle fondamenta di una vecchia casa padronale, come dimora estiva di Federico Guglielmo III e di sua moglie Luisa del Mecklemburgo-Strelitz. Le stanze dell'edificio, proporzionato e semplice nella sua struttura, furono arredati in stile Neoclassico berlinese d'impronta borghese. Il Vestibolo e la Sala del giardino occupano, in qualità di stanze di rappresentanza, il corpo centrale dell'edificio; a queste si aggettano a oriente le due file di stanze degli appartamenti di Federico Guglielmo e Luisa. Le pareti degli ambienti, allestiti con preziosi mobili di mogano e oggetti d'artigianato artistico, furono rivestite di carta da parati, dipinta o stampata, di grande fattura artigianale e qualità artistica. I parati, con diversi motivi e disegni, furono prodotti in gran parte da manifatture berlinesi.

Tutto l'intero villaggio venne assorbito nella struttura della residenza reale e fu nuovamente costruito come modello esemplare di architettura rurale prussiana. Il castello ed il villaggio, come insieme architettonico e opera d'arte totale, facevano da cornice ai soggiorni estivi della famiglia reale, che dal 1797 ogni anno risiedeva qui, nei mesi di agosto e settembre, con un folto seguito: in un ambiente semplice e borghese, lontano dall'etichetta di corte di Berlino, conducevano in un idillio rurale una vita di tenore cortigiano, ma informale. La corte che li seguiva alloggiava in edifici minori o in case coloniche costruite di proposito.

Le Guerre Napoleoniche costrinsero la famiglia a fuggire nella Prussia orientale. Dopo la morte della regina Luisa, nel 1810, il re visitava rego-

Il re Federico Guglielmo e sua moglie Luisa del Mecklemburgo-Strelitz, di Friedrich Georg Weitsch (1799).

Il castello di Paretz è sorto nel 1797 in pochi mesi come dimora di campagna di Federico Guglielmo III e di sua moglie Luisa.

larmente Paretz con i figli per onorarne il ricordo. Dopo la morte di Federico Guglielmo, nel 1840, il castello non fu più abitato, ma fu conservato nel suo stato originale fino al 1945, come luogo di commemorazione della coppia reale.

La fine della Seconda Guerra Mondiale provocò la perdita di quasi tutto l'inventario del castel-

I parati nella Stanza da Letto della regina Luisa furono realizzati dalla manifattura di Glienicke Isaak Joel & Erben. La pittura illusionistica mostra vedute del Palazzo dei Marmi di Potsdam e del castello sull'Isola dei Pavoni.

Dettaglio del fregio dei parati della Stanza da Soggiorno, realizzato nel 1797 dalla manifattura berlinese John Christian.

I motivi floreali dei parati della Sala del Giardino, che veniva utilizzata come stanza di rappresentanza, fondono in un'unità giardini esotici e giardini locali.

lo; solo i preziosi parati furono recuperati. Negli anni seguenti il castello, ora sede dell'istituto d'agraria, subì diverse modifiche sia nella struttura, con l'eliminazione di pareti interne, che nel deturpamento della facciata in stile del primo Classicismo.

Dal 1998 la struttura esterna del castello è stata riportata al suo stato originale. Dopo la ricostruzione degli ambienti interni anche i parati restaurati sono potuti tornare al loro posto originario. Nel 2001 il castello è stato aperto al pubblico come museo.

Dettaglio dei parati importati dall'Asia della Sala di ritrovo per la società di corte.

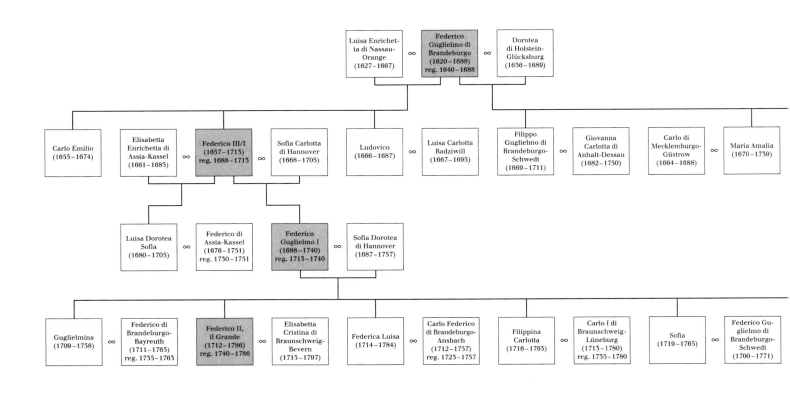

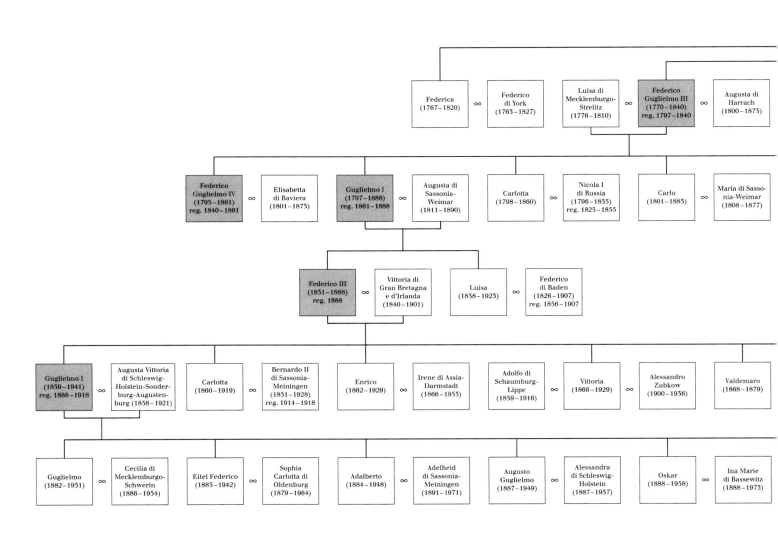

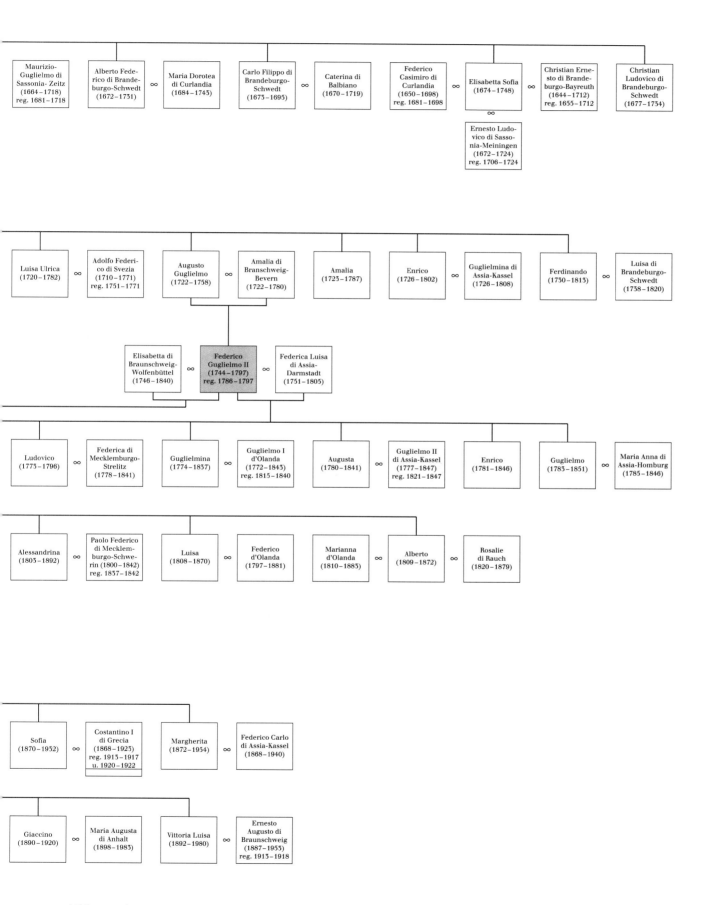

INFORMAZIONI PER I VISITATORI

I parchi dei castelli sono aperti quotidianamente dalle 06:00 fino all'imbrunire.

In linea di massima tutti i castelli e gli edifici storici presentati in questo libro sono visitabili. Alcuni castelli sono aperti tutto l'anno; altri solo durante l'alta stagione.

Informazioni generali, orari d'apertura aggiornati e prezzo degli ingressi, eventi eccezionali e mostre:

www.spsg.de

Servizio e informazioni per i visitatori:

Stiftung Preußische Schlösser und Gärten
Berlin-Brandenburg
Besucherzentrum an der Historischen Mühle
Postfach 601462
14414 Potsdam

Tel: (0049) 0331- 9694-202/203
Fax: (0049) 0331- 9694-107
E-Mail: besucherzentrum@spsg.de

Servizi e prenotazioni per gruppi:
(0049) 0331- 9694-200/201

Offerte per scolari e professori:
(0049) 0331- 9694-200/201

Shop del museo: www.museumshop-im-schloss.de

Informazioni turistiche, alloggi, collegamenti con mezzi di trasporto:

A Berlino: www.btm.de
A Potsdam e nel Brandeburgo:
www.reiseland-brandenburg.de

FONTI PER LE ILLUSTRAZIONI

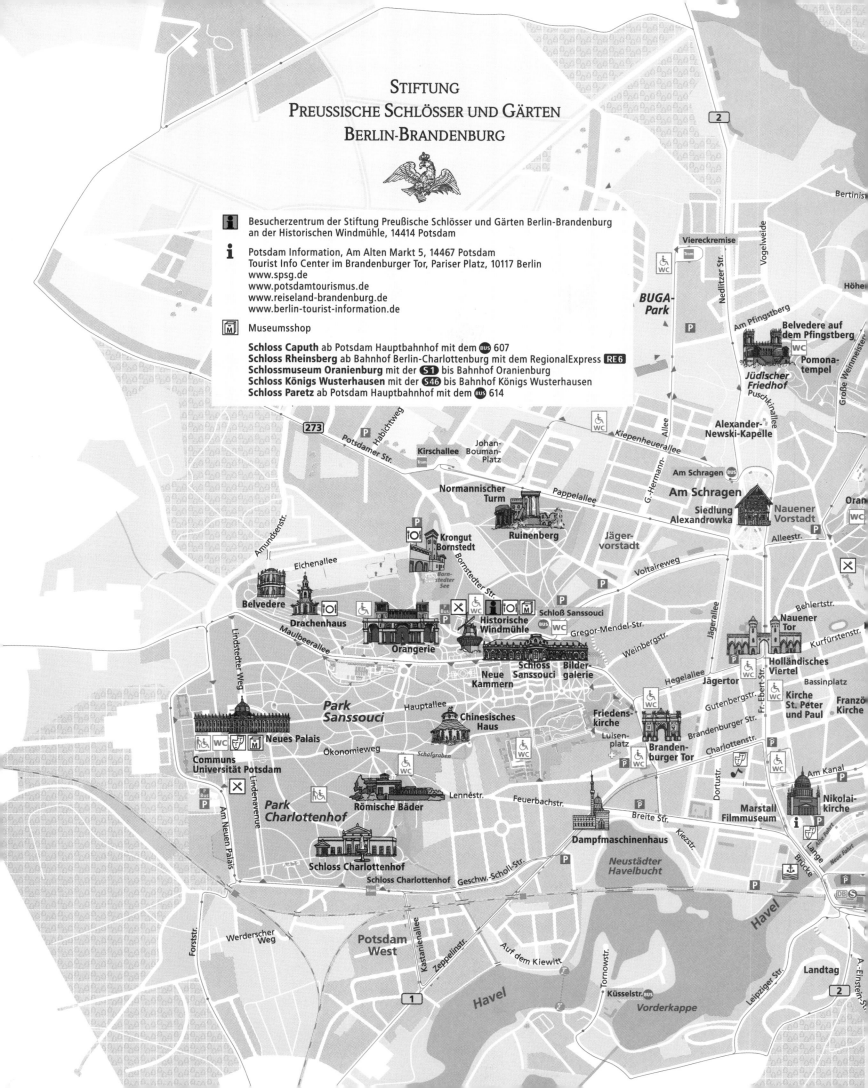

STIFTUNG
PREUSSISCHE SCHLÖSSER UND GÄRTEN
BERLIN-BRANDENBURG

i Besucherzentrum der Stiftung Preußische Schlösser und Gärten Berlin-Brandenburg an der Historischen Windmühle, 14414 Potsdam

i Potsdam Information, Am Alten Markt 5, 14467 Potsdam
Tourist Info Center im Brandenburger Tor, Pariser Platz, 10117 Berlin
www.spsg.de
www.potsdamtourismus.de
www.reiseland-brandenburg.de
www.berlin-tourist-information.de

M Museumsshop

Schloss Caputh ab Potsdam Hauptbahnhof mit dem 🚌 607
Schloss Rheinsberg ab Bahnhof Berlin-Charlottenburg mit dem RegionalExpress RE6
Schlossmuseum Oranienburg mit der S1 bis Bahnhof Oranienburg
Schloss Königs Wusterhausen mit der S46 bis Bahnhof Königs Wusterhausen
Schloss Paretz ab Potsdam Hauptbahnhof mit dem 🚌 614